CB123967

elefante

elefante

edição
Tadeu Breda

assistência de edição
Érika Nogueira Vieira

preparação
Natalia Engler

revisão
Juliana de Araujo Rodrigues
Adriana Moreira Pedro

projeto gráfico
Leticia Quintilhano

ilustração de capa
Yana Parente

diagramação
Daniela Miwa Taira

capa & direção de arte
Bianca Oliveira

bell hooks

tradução
Manu Quadros
& Lubi Prates

a vontade de mudar

homens, masculinidades e amor

Ao transformar alquimicamente o chumbo
em ouro puro, os homens têm a oportunidade
de arder, de ser tocados por uma chama
interior, de viver uma vida de substância, de
ser integralmente transformados.

Este livro é dedicado à memória do meu avô,
Gus Oldham — ardente, um coração em
chamas, cujo amor, mais forte
que a morte, ilumina.

Em nossa sociedade em rápida transformação, apenas duas coisas nunca vão mudar: a vontade de mudar e o medo da mudança. É a vontade de mudar que nos motiva a buscar ajuda. É o medo da mudança que nos motiva a resistir à própria ajuda que buscamos.

— Harriet Lerner, *A ciranda da intimidade*

prefácio

sobre os homens

Quando foi publicado o livro *About Men* [Sobre os homens], de Phyllis Chesler, em 1978, fiquei empolgada. Finalmente, pensei, uma pensadora feminista explicaria esse mistério — os homens. Até então, nunca havia compartilhado com ninguém o que eu sentia a respeito dos homens. Eu não havia conseguido confessar que não apenas não entendia os homens; eu os temia. Tinha certeza de que Chesler, com a ousadia de sempre, não se limitaria a nomear e explicar esse medo; ela faria muito mais: ela tornaria os homens tangíveis para mim. Os homens se tornariam pessoas com as quais eu poderia conversar e trabalhar, as quais eu poderia amar. O livro, porém, foi decepcionante. Repleto de citações de diversas fontes e de recortes de jornal sobre violência masculina, oferecia fragmentos de informação; havia pouca ou nenhuma explicação, nenhuma interpretação. A partir daquele momento, passei a achar que outras mulheres tinham medo de falar abertamente sobre os homens, medo de explorar a fundo nossas conexões com eles (o que testemunhamos como filhas, irmãs, avós, mães, tias, parceiras, objetos sexuais ocasionais) e medo até de admitir nossa ignorância — o que e quanto, de fato, sabíamos sobre os homens, afinal? Tudo que não conhecemos intensifica nosso medo e nossa sensação de ameaça. E certamente conhecer os homens apenas no que diz respeito à violência masculina — à violência praticada contra mulheres e crianças — é um conhecimento parcial e inadequado.

Hoje em dia, me impressiona que mulheres que defendem uma política feminista tenham tido tão pouco a dizer sobre os homens e a masculinidade. Nos primeiros escritos do feminismo radical, podia-se encontrar irritação, raiva e mesmo ódio aos homens. Contudo, não havia nenhuma tentativa significativa de oferecer caminhos para resolver esses sentimentos, para imaginar uma cultura de reconciliação em que mulheres e homens pudessem se encontrar e estabelecer pontos em comum. O feminismo militante deu às mulheres permissão para liberar sua fúria contra os homens, mas não nos permitiu discutir o que significa amar homens numa cultura patriarcal, nem saber como poderíamos expressar esse amor sem medo da exploração e da opressão.

Barbara Deming foi uma das raras pensadoras feministas sem papas na língua que buscavam criar um espaço para que as mulheres falássemos abertamente sobre nossos sentimentos em relação aos homens. Articulando a preocupação de que o manancial de fúria feminina direcionada aos homens estava impossibilitando às mulheres expressar quaisquer sentimentos que não fossem o de que "homens não têm salvação", ela declarou: "Espanta-me que mais e mais mulheres estejam começando a se sentir assim — a pensar que os homens, o gênero todo, não têm salvação". Deming não considerava os homens incapazes de mudar, de se afastar da dominação masculina, e acreditava ser necessário que as mulheres disséssemos a verdade sobre o que pensamos sobre os homens:

> Acredito que a única forma de chegar aonde precisamos ir é nunca nos recusar a encarar a verdade dos nossos sentimentos, da forma como surgem em nós — mesmo quando desejamos que não fossem verdadeiros. Assim, temos de admitir a verdade de que às vezes desejamos que nossos pais, filhos, irmãos e parceiros não estivessem lá. Contudo, essa verdade existe ao lado de outra: a verdade de que esse desejo nos causa angústia.

Enquanto algumas mulheres ativas no movimento feminista nos sentíamos angustiadas por nossa incapacidade coletiva de converter multidões de homens ao pensamento feminista, muitas mulheres simplesmente consideravam que o feminismo lhes dava permissão para ser indiferentes aos homens, para dar as costas às necessidades masculinas.

Quando o feminismo contemporâneo estava no ápice, muitas mulheres insistiam que estavam cansadas de gastar energia com os homens, que queriam pôr as mulheres no centro de todas as discussões feministas. Pensadoras feministas que queriam incluir os homens na discussão, como eu mesma, eram frequentemente taxadas de machocentradas e desprezadas. Estávamos "dormindo com o inimigo". Éramos as feministas em quem não se podia confiar, porque nos importávamos com o destino dos homens. Éramos as feministas que não acreditavam na superioridade feminina, assim como não acreditavam na superioridade masculina. À medida que o movimento feminista progrediu, ficou evidente que o sexismo e a exploração e opressão sexistas não mudariam a não ser que os homens também se engajassem profundamente na resistência feminista. Entretanto, a maioria das mulheres ainda não expressava nenhum interesse genuíno em enfatizar discussões sobre masculinidade.

Reconhecer que era preciso haver mais foco feminista nos homens, porém, não levou à produção de um conjunto de textos escritos por mulheres sobre os homens. A falta dessa literatura aumenta a minha sensação de que a razão pela qual as mulheres não conseguimos falar plenamente sobre os homens é que fomos muito bem socializadas na cultura patriarcal para silenciar sobre o tema. Mais que silenciadas, fomos socializadas para ser guardiãs de segredos sérios e graves — sobretudo aqueles que poderiam revelar as estratégias cotidianas de dominação masculina, o modo como o poder masculino é exercido e mantido em nossa vida particular. De fato, mesmo a prática feminista radical de taxar todos os homens como "opressores" e todas as mulheres como "vítimas" era uma forma de desviar a atenção da realidade dos homens e de nossa ignorância sobre eles. Simplesmente taxá-los de "opressores" e rechaçá-los significava que nunca precisaríamos dar voz às lacunas em nosso entendimento ou falar sobre masculinidade de maneiras mais complexas. Não precisaríamos falar sobre as formas como o nosso medo dos homens distorcia as nossas perspectivas e impedia a nossa compreensão. Odiar os homens era apenas outra forma de não levar os homens e a masculinidade a sério. Era simplesmente mais fácil para mulheres feministas falar sobre enfrentar e acabar com o patriarcado do que falar sobre os homens — o que sabíamos e o que não sabíamos, e de que formas queríamos que os homens mudassem. Bastava apenas expressar nosso desejo de que os homens desaparecessem, de vê-los mortos e acabados.

De forma eloquente, Barbara Deming expressa esse desejo ao escrever sobre a morte do pai:

Já faz anos. Era um fim de semana no campo, e ele estava trabalhando lá fora com uma pá e uma picareta, dando início a um novo canteiro. Ele teve um ataque cardíaco e caiu ali na terra remexida. Chamamos o resgate, e eles estavam lá, tentando reanimá-lo, mas não conseguiram. Eu estava quase deitada no chão ao lado dele, com meus braços em volta do seu corpo. Percebi que era a primeira vez na vida que eu havia me sentido capaz de tocar o corpo do meu pai de verdade. Eu o segurava firme — com o meu amor e com a minha dor. E a minha dor era em parte porque meu pai, a quem eu amava, estava morrendo. Mas era também porque eu já sabia que a sua morte faria com que eu me sentisse mais livre. Eu estava consternada por isso ter de ser assim. É uma dor difícil de articular. Que o único momento em que eu me sentiria livre para tocá-lo, sem me sentir ameaçada pelo seu poder sobre mim, era quando ele se encontrava morto — isso é insuportável. E imagino que dificilmente haja uma mulher que nunca tenha sentido uma dor comparável. Assim, é um simplismo expressar a verdade de que às vezes desejamos que os homens morram — a não ser que expressemos também a verdade que talvez seja mais difícil de encarar (enquanto tentamos encontrar nossas próprias forças, ser nossas próprias mulheres): a verdade de que esse desejo é insuportável para nós, que esse desejo nos dilacera.

Quando era uma jovem de vinte e poucos anos que ainda não havia encontrado as próprias forças, eu frequentemente desejava que os homens em minha vida morressem. O anseio pela morte do meu pai começou na infância. Era o modo como eu respondia à sua fúria, à sua violência. Costumava sonhar que ele havia partido, que estava morto.

A morte era a saída para o medo evocado pela ameaça: "Espera só o seu pai chegar em casa". A ameaça de castigo era muito intensa, seu poder sobre nós, muito real. Deitada na cama da minha infância, esperando ouvir a dura raiva de sua voz, o rumor invasivo de seus comandos, eu costumava pensar: "Se ao menos ele morresse, nós poderíamos viver". Mais tarde, já uma mulher adulta, esperando meu companheiro chegar em casa — o homem que normalmente era afetuoso, mas que às vezes irrompia em violentos ataques de raiva —, eu costumava pensar: "Talvez ele sofra um acidente e morra, talvez ele não volte para casa, e eu vou estar livre e poder viver". Muitas mulheres e crianças ao redor do mundo querem que homens morram para que elas possam viver. Esta é a mais dolorosa verdade da dominação masculina: homens exercem o poder patriarcal na vida cotidiana de formas tão espantosamente ameaçadoras que mulheres e crianças se retraem de medo em vários níveis de impotência, acreditando que a única saída para seu sofrimento, sua única esperança, é que os homens morram, que o pai patriarcal não volte para casa. Mulheres e crianças, meninas e meninos sujeitos ao domínio de homens patriarcais têm desejado vê-los mortos porque pensam que esses homens não querem mudar. Elas acreditam que homens que não sejam dominadores não irão protegê-las. Acreditam que os homens não têm salvação.

Quando saí de casa e fui para a faculdade, se meu pai atendesse quando eu ligava para casa, eu desligava. Eu não tinha nada a dizer a ele. Não tinha palavras para me comunicar com o pai que não queria ouvir, que não parecia se importar, que não dizia palavras de ternura ou amor. Eu não precisava do pai patriarcal. E o feminismo havia me ensinado que eu podia esquecê-lo, virar as costas para ele. Contudo, ao virar as costas para o meu pai, eu virei as costas para uma parte de mim mesma. É uma ficção de falso feminismo a ideia de que nós, mulheres, podemos encontrar nosso poder em um mundo sem homens, em um mundo em que negamos nossas conexões com os homens. Reivindicaremos nosso poder plenamente apenas quando pudermos expressar a verdade de que precisamos dos homens, de que homens fazem parte de nossa vida, quer os queiramos ou não, de que precisamos que os homens enfrentem o patriarcado, de que precisamos que os homens mudem.

O pensamento feminista me permitiu ir além das fronteiras impostas pelo patriarcado, mas foi a busca por plenitude, por autocura, que me levou de volta ao meu pai. Minha reconciliação com meu pai começou com o meu reconhecimento de que eu queria e precisava do seu amor — e de que, se eu não pudesse ter o seu amor, eu precisava pelo menos curar a ferida que sua violência havia criado em meu coração. Eu precisava falar com ele, contar a minha verdade, abraçá-lo e dizer que ele era importante. Hoje em dia, quando ligo para casa, me deleito com o som da sua voz, com sua fala sulista, familiar e capenga de um jeitinho que é só dele. Quero ouvir sua voz para sempre. Não quero que ele morra, esse pai que posso ter nos meus braços, que recebe meu amor e me ama de volta. Ao entendê-lo, entendo melhor a mim mesma. Para reivindicar minha força como mulher, preciso reivindicá-lo. Fazemos parte de um todo.

A vontade de mudar: homens, masculinidades e amor é sobre nossa necessidade de viver em um mundo onde mulheres e homens possam ser partes de um todo. Ao considerar as razões pelas quais o patriarcado mantém seu poder sobre os homens e suas vidas, eu insisto que reivindiquemos o feminismo para os homens, mostrando por que o pensamento e a prática feministas são o único caminho para abordarmos efetivamente a crise da masculinidade contemporânea. Ao longo dos capítulos repito muitos pontos, para que cada um deles expresse de modo independente as ideias mais importantes do todo. Os homens não podem mudar se não houver projetos de mudança. Os homens não podem amar se não lhes for ensinada a arte de amar.

Não é verdade que os homens não querem mudar. É verdade que muitos homens têm medo de mudar. É verdade que multidões de homens nem ao menos começaram a enxergar os modos como o patriarcado lhes impede de conhecer a si mesmos, de entrar em contato com os próprios sentimentos, de amar. Para conhecer o amor, os homens devem deixar de lado o desejo de dominação. Devem poder escolher a vida em vez da morte. Devem ter vontade de mudar.

01.
procuram-se: homens que amem

Toda mulher quer ser amada por um homem. Toda mulher quer amar e ser amada pelos homens que fazem parte de sua vida. Seja lésbica ou hétero, bissexual ou celibatária, ela quer sentir o amor do pai, avô, tio, irmão ou amigo. Se for heterossexual, ela quer o amor de um companheiro. Vivemos em uma cultura em que mulheres emocionalmente privadas e destituídas buscam desesperadamente por amor masculino. Nosso anseio coletivo é tão intenso que nos dilacera. E, ainda assim, não nos atrevemos a exprimi-lo, por medo de sermos ridicularizadas, rebaixadas, objeto de pena. Expressar nossa ânsia por amor masculino exigiria que nomeássemos o tamanho da nossa carência e da nossa perda. O ato de escrachar os homens, tão intenso quando o feminismo contemporâneo surgiu, por volta dos anos 1970, foi, em parte, o colérico disfarce da vergonha que as mulheres sentíamos, não porque os homens se recusassem a compartilhar seu poder, mas por não conseguirmos seduzir, convencer ou persuadir os homens a compartilhar suas emoções — a nos amar.

Ao afirmar que queriam o poder que os homens tinham, as feministas que odiavam homens (que não eram, de forma alguma, a maioria) secretamente anunciavam que também queriam ser recompensadas por deixarem de lado seus sentimentos, por serem incapazes de amar. Os homens na cultura patriarcal responderam às demandas feministas por mais equidade no mundo do trabalho e no mundo do sexo abrindo espaço, compartilhando as esferas do poder. Mas a maioria dos homens se recusou a mudar — acreditou-se incapaz de mudar — na esfera da vida emocional. Nem mesmo pelo amor e pelo respeito de mulheres liberadas os homens foram capazes de sentar à mesa do amor como parceiros iguais para compartilhar o banquete.

Ninguém anseia mais por amor masculino do que a menina ou o menino que legitimamente necessita e procura o amor do pai. Ele pode estar ausente, morto ou presente em corpo mas emocionalmente distante; ainda assim, a menina ou o menino anseia por aprovação, reconhecimento, respeito, cuidado. Por todo o país há um outdoor que diz: "Todas as noites, milhões de crianças vão dormir famintas — de atenção dos pais". Dado que a cultura patriarcal já ensinou meninas e meninos que amor de pai é mais valioso que amor de mãe, é improvável que o afeto maternal vá sanar a falta de amor paternal. Não surpreende, então, que essas meninas e esses meninos cresçam com raiva dos homens, com raiva por lhes ser negado o amor que uma pessoa necessita para se sentir inteira, valorizada e aceita. Meninas heterossexuais e meninos homossexuais podem se tornar, e de fato se tornam, mulheres e homens que fazem de seus laços românticos o lugar em que buscam encontrar e conhecer o amor masculino. Mas essa busca raramente é satisfeita. Em geral, a raiva, a dor e a inelutável decepção levam mulheres e homens a reprimir a parte de si que tinha esperança de ser tocada e curada pelo amor masculino. Aprendem, então, a contentar-se com qualquer atenção positiva que homens forem capazes de oferecer. Aprendem a supervalorizá-la. Aprendem a fingir que é amor. Aprendem a não dizer a verdade sobre os homens e o amor. Aprendem a viver na mentira.

Quando criança, eu ansiava pelo amor do meu pai. Eu queria que ele me notasse, que me desse atenção e afeto. Quando eu não conseguia fazer com que ele me notasse sendo boa e obediente, eu me dispunha a correr o risco do castigo, sendo má o suficiente para atrair o seu olhar, tê-lo comigo e sentir o peso de sua mão. Eu desejava vivamente que aquelas mãos me abraçassem, me abrigassem e me protegessem, me tocassem com ternura e carinho, mas aceitava que nunca seria assim. Eu sabia, aos cinco anos de idade, que aquelas mãos me perceberiam apenas quando me trouxessem dor; que, se eu conseguisse aceitar aquela dor e me agarrar a ela, eu poderia ser a menina do papai. Poderia lhe dar orgulho. Eu não estou sozinha. Tantas de nós pensamos que poderíamos conquistar o amor masculino ao demonstrar que aceitaríamos suportar a dor, que aceitaríamos viver afirmando que a masculinidade considerada realmente máscula — porque omite, afasta, recusa — é a masculinidade que desejamos. Aprendemos a amar mais os homens por eles não nos amarem. Se ousassem nos amar, deixariam de ser "homens" de verdade para a cultura patriarcal.

Em seu comovente livro de memórias, *In the Country of Men* [No país dos homens], Jan Waldron descreve um anseio similar: "O tipo de pai que eu tanto desejava nunca vi, exceto em vislumbres que embelezei com minhas fantasias". Ao contrastar o pai amoroso que tanto desejamos com o pai que temos, ela expressa essa carência:

> Pai. É um desejo contra todas as expectativas, diante de incontáveis exemplos indicando o contrário. Pai. Não tem o efeito utili-

tário de Mãe ou Mamãe. Ainda é dito como refrão de uma balada. É um juramento que se origina no coração e luta pela vida em meio à carnificina de uma história óbvia e persistente do excruciante contrário, que se dá pouquíssimas vezes. Amor de mãe é abundante e visível: reclamamos porque há em demasia. O amor de pai é uma joia incomum a ser descoberta, polida e conservada. O valor aumenta devido a sua escassez.

Em nossa cultura, falamos muito pouco sobre o anseio pelo amor de pai.

Em vez de nos trazer uma grande sabedoria quanto à natureza dos homens e do amor, o foco do feminismo reformista no poder masculino reforçou a noção de que, de alguma forma, os homens são poderosos e têm tudo. Os textos feministas não nos contavam sobre a profunda tristeza interior dos homens. Não nos contavam sobre o horrendo terror que corrói a alma de quem não consegue amar. Mulheres que invejavam a dureza do coração dos homens não nos contariam sobre a profundidade do sofrimento masculino. E, assim, levou mais de trinta anos para que as vozes de feministas visionárias fossem ouvidas contando ao mundo a verdade sobre os homens e o amor. Barbara Deming aludiu a essas verdades:

> Penso que o motivo pelo qual os homens são tão violentos se deve ao fato de eles saberem, no fundo de si mesmos, que estão encenando uma mentira, e por isso ficam furiosos ao serem pegos na mentira. Mas eles não sabem como sair dela. [...] Eles sentem raiva por estarem encenando uma mentira — o que quer dizer que, em algum lugar no fundo de si mesmos, eles querem ser libertos dela, sentem falta da verdade.

A verdade que não contamos é que os homens anseiam por amor. Esse é o anseio que pensadoras feministas devem ousar examinar, explorar e discutir. Aquelas raras profetisas feministas visionárias, às quais se somam alguns homens, não têm mais medo de abordar abertamente temas relativos aos homens, à masculinidade e ao amor. Às mulheres têm se juntado homens de mente aberta e coração grande, homens que amam, homens que sabem o quão difícil é para eles praticar a arte de amar em uma cultura patriarcal.

Em parte, eu comecei a escrever livros sobre amor devido às constantes brigas que tive com meu ex-namorado Anthony. Éramos — e no momento em que escrevo ainda somos — o vínculo mais forte um do outro. Nos aproximamos esperando gerar amor e acabamos gerando conflito. Decidimos terminar, mas mesmo isso não pôs fim ao conflito. As questões sobre as quais discutíamos tinham a ver, em sua maioria, com a prática do amor. Como tantos homens que sabem que as mulheres querem ouvi-los declarar o seu amor por elas, Anthony fazia essas declarações. Mas, quando solicitado a conectar as palavras "eu te amo" com definição e prática, ele percebia que, na verdade, não tinha palavras, que ficava fundamentalmente desconfortável ao ser instado a falar sobre emoções.

Como muitos homens, ele não havia sido feliz na maioria dos relacionamentos que tinha escolhido. A infelicidade dos homens nos relacionamentos, a dor que homens sentem diante do fracasso no amor, costuma passar despercebida em nossa sociedade precisamente porque a cultura patriarcal de fato não se importa se os homens são infelizes. Quando mulheres sofrem no âmbito emocional, o pensamento sexista que diz que emoções devem e podem importar para as mulheres permite que a maioria de nós pelo menos abra o coração, fale com alguém, seja com uma amiga próxima, com uma terapeuta ou com uma estranha sentada ao nosso lado num avião ou num ônibus. Os costumes patriarcais ensinam aos homens uma forma de estoicismo emocional que afirma que eles se tornam mais viris se não sentirem, mas, se por acaso sentirem alguma coisa, e o sentimento causar dor, a resposta viril é engoli-lo, esquecê-lo, torcer para que passe. George Weinberg explica, em *Why Men Won't Commit* [Por que os homens não se comprometem?]: "A maioria dos homens está em uma busca pela mulher pronta e perfeita porque eles imaginam, basicamente, que problemas em um relacionamento não podem ser resolvidos. Quando qualquer coisa dá minimamente errado, parece mais fácil sair correndo do que conversar". A farsa masculina é de que homens de verdade não sentem dor.

A realidade é que os homens estão sofrendo e que a cultura como um todo responde a eles dizendo: "Por favor, não nos diga o que você sente". Eu sempre fui fã da tirinha da *Sylvia*[1] em que duas mulheres estão sentadas, uma delas olhando para uma bola de cristal, enquanto a outra diz: "Ele nunca fala sobre os próprios sentimentos". E a mulher que vê o futuro responde: "Às duas da tarde, os homens ao redor do mundo vão começar a falar sobre seus sentimentos — e as mulheres ao redor do mundo vão lamentar".

Se não podemos curar o que não podemos sentir, ao sustentar uma cultura patriarcal que socializa os homens a negar seus sentimentos, os condenamos a viver em um estado de dormência emocional. Construímos uma cultura em que a dor

1. *Sylvia* foi uma tirinha de autoria de Nicole Hollander publicada em jornais estadunidenses entre 1980 e 2012. [N.E.]

masculina não consegue ter voz, em que o sofrimento masculino não pode ser nomeado ou curado. Contudo, não são apenas os homens que não levam sua dor a sério. A maioria das mulheres não quer lidar com a dor masculina se ela interferir na satisfação do desejo feminino. Quando o movimento feminista levou à liberação dos homens, incluindo a exploração de "sentimentos" por parte dos homens, algumas mulheres ridicularizaram a expressão emocional masculina com a mesma repulsa e desprezo dos homens machistas. Apesar de todo o propalado interesse feminista por homens com sentimentos, quando homens se esforçavam para entrar em contato com os próprios sentimentos, ninguém queria de fato recompensá-los. Em círculos feministas, homens que queriam mudar eram frequentemente rotulados de narcisistas ou carentes. Homens que expressavam sentimentos costumavam ser encarados como sedentos por atenção, manipuladores patriarcais tentando roubar a cena com seus dramas.

Quando tinha meus vinte e poucos anos, eu fazia terapia de casal. Nas sessões, meu companheiro de mais de dez anos expunha como eu lhe pedia para falar sobre seus sentimentos e, quando ele o fazia, eu surtava. Ele tinha razão. Era difícil para mim aceitar que eu não queria ouvir sobre os sentimentos dele quando eram dolorosos ou negativos, que eu não queria ter a minha imagem do homem forte realmente questionada ao conhecer suas fraquezas e vulnerabilidades. Ali estava eu, uma mulher feminista instruída que não queria ouvir meu homem falar sobre sua dor, porque ela revelava sua vulnerabilidade emocional. Faz sentido, então, que as multidões de mulheres comprometidas com o princípio sexista de que homens que expressam seus sentimentos são fracos de fato não queiram ouvir os homens, especialmente se o que dizem é que eles sofrem, que não se sentem amados. Muitas mulheres não conseguem ouvir a dor masculina sobre o amor porque ela soa como uma acusação de fracasso feminino. Já que costumes sexistas nos ensinaram que amar é tarefa nossa — em nosso papel como mães ou amantes ou amigas —, se os homens dizem que não são amados, estamos em falta, somos as culpadas.

Há apenas uma emoção que o patriarcado valoriza quando expressa por homens: a raiva. Homens de verdade se enfurecem. E a raiva, não importa quão violenta ou violadora, é tida como natural — uma expressão positiva da masculinidade patriarcal. A raiva é o melhor esconderijo para alguém que busca ocultar a dor ou a angústia de seu espírito. Meu pai era um homem furioso. Às vezes ele ainda é, apesar de já ter passado dos oitenta anos. Recentemente, quando liguei para casa, ele disse, a respeito de mim e de minha irmã: "Eu amo muito vocês duas". Admirada de ver papai falar de amor, eu quis que conversássemos, mas não conseguia encontrar palavras. O medo me silenciou: o velho medo de papai, o patriarca, o homem calado e raivoso, e o novo medo de romper esse frágil vínculo de conexão afetuosa. Então eu não pude perguntar a ele: "O que você quer dizer, pai, quando diz que me ama muito?". No capítulo que enfoca nossa busca por homens amorosos em *Comunhão: a busca das mulheres pelo amor*, faço a seguinte observação: "Muitas mulheres temem os homens. E o medo pode ser a base do desprezo e do ódio. Pode ser um disfarce para uma raiva reprimida e mortal". O medo nos afasta do amor. E, ainda assim, as mulheres raramente falamos com os homens sobre o quanto temos medo deles.

Meus irmãos e eu nunca falamos com meu pai sobre os anos em que ele nos manteve como reféns, aprisionando-nos atrás dos muros de seu terrorismo patriarcal. E, mesmo adultos, ainda temos medo de perguntar a ele: "Por quê, pai? Por que você estava sempre com tanta raiva? Por que você não nos amava?".

Naquelas passagens poderosas em que escreve sobre a morte do pai, Barbara Deming nomeia esse medo. À medida que a morte rapidamente o afasta de seu alcance, ela percebe nitidamente que o medo havia afastado pai e filha o tempo todo — o medo dele da proximidade dela, e o medo dela de buscar se aproximar dele. O medo nos impede de nos aproximarmos dos homens em nossa vida; ele nos afasta do amor.

Houve uma época em que eu pensava que isso era coisa das mulheres, esse medo dos homens. No entanto, quando comecei a falar com homens sobre amor, ouvi repetidas histórias de homens com medo de outros homens. De fato, homens que sentem, que amam, costumam esconder sua consciência emocional dos outros homens por medo de ser atacados e ridicularizados. Este é o grande segredo que todos guardamos — o medo da masculinidade patriarcal. Não podemos amar o que tememos. É por isso que tantas tradições religiosas nos ensinam que não há medo no amor.

Temos dificuldade, portanto, todos nós, na cultura patriarcal, de amar homens. Podemos nos importar profundamente com eles. Podemos estimar nossas conexões com os homens em nossa vida. E podemos sentir desesperadamente que não poderíamos viver sem a presença, a companhia deles. Podemos sentir todas essas paixões diante da masculinidade e ainda assim permanecer à parte, preservando a distância criada pelo patriarcado, mantendo os limites que, dizem, não devem ser ultrapassados. Numa aula com estudantes que estão lendo a trilogia que escrevi sobre o amor, com quarenta homens discutindo sobre amor, falamos sobre pais. Um homem negro, quase chegando aos quarenta anos, cujo pai era um grande trabalhador, falou sobre sua experiência recente de paternidade, seu comprometimento em ser um pai amoroso, e seu medo de falhar. Ele teme o fracasso porque não teve um exemplo amoroso. Seu pai estava quase sempre na rua, trabalhando, perambulando. Quando estava em casa, sua forma favorita de se relacionar era implicar com o filho e provocá-lo impiedosamente, com uma voz mordaz, cheia de sarcasmo e desdém, uma voz capaz de humilhar com uma só palavra. Refletindo a experiência de muitos de nós, o indivíduo que contava sua história falava sobre querer o amor desse homem duro, mas aprender, em seguida, a não querê-lo, aprender a silenciar seu coração, a fazer com que esse amor não importasse.

Perguntei a ele e aos outros homens presentes: "Se você interditou seu coração, desligou sua consciência emocional, você sabe como amar seus filhos? Onde e quando na sua jornada você aprendeu a prática do amor?".

Ele diz a mim e aos outros homens sentados em nosso círculo de amor: "Eu só penso no que meu pai faria, e faço o contrário". Todo mundo ri. Eu valido essa prática, acrescentando apenas que não é suficiente ficar no campo da reação; que se limitar a ser reativo é sempre correr o risco de deixar que aquele passado sombrio se apodere do presente. Quantos filhos, fugindo do exemplo dos pais, criam meninos que se revelam clones dos avôs, meninos que podem até nunca ter conhecido os avôs, mas se comportam exatamente como eles? Para além da reação, no entanto, qualquer homem, independentemente de suas circunstâncias passadas ou presentes, independentemente de sua idade ou experiência, pode aprender a amar.

Nos últimos quatro anos, em minhas viagens e palestras, a única verdade clara que aprendi com os homens que conheci é que eles querem encontrar o amor e querem saber como amar. Simplesmente não há literatura suficiente que responda de forma direta e íntima a essa necessidade. Depois de escrever um livro sobre o amor, um especificamente sobre pessoas negras e o amor, e outro concentrado na busca das mulheres pelo amor, eu quis ir além e escrever sobre homens e o amor.

Em nossa cultura, tanto mulheres como homens passam muito pouco tempo incentivando os homens a aprender a amar. Mesmo as mulheres que estão fartas dos homens — a maioria das quais não é, e talvez nunca venha a ser, feminista — usam sua raiva para evitar se comprometer verdadeiramente com a criação de um mundo onde homens de todas as idades possam conhecer o amor. E resta uma pequena corrente de pensadoras feministas convictas de que já ofereceram tudo o que estavam dispostas a oferecer aos homens; sua única preocupação é elevar o bem-estar coletivo das mulheres. Entretanto, a vida tem me mostrado que sempre que um homem ousa transgredir as fronteiras patriarcais para amar, a vida de mulheres, homens e crianças é fundamentalmente transformada para melhor.

Todos os dias, em nossas telas e jornais, recebemos notícias da persistente violência masculina em casa e ao redor do mundo. Quando ouvimos que garotos adolescentes estão se armando e matando os pais, os colegas ou estranhos, uma sensação de alarme passa a permear nossa cultura. As pessoas querem respostas. Querem saber: por que isso está acontecendo? Por que tantas matanças praticadas por meninos hoje, e neste momento histórico? Mas ninguém fala sobre o papel exercido pelas noções patriarcais de masculinidade que ensinam aos meninos que matar está em sua natureza, e que eles não podem fazer nada para mudar essa natureza — quer dizer, nada que deixaria sua masculinidade intacta. Como nossa cultura prepara os homens para abraçar a guerra, eles devem ser especialmente doutrinados no pensamento patriarcal, que lhes diz que é da sua natureza matar e gostar da matança. Bombardeados por notícias sobre violência masculina, não ouvimos notícia alguma sobre homens e o amor.

Apenas uma revolução de valores em nosso país acabará com a violência masculina, e essa revolução será necessariamente baseada em uma ética do amor. Para criar homens amorosos, devemos amar os homens. Amar a masculinidade é diferente de elogiar e recompensar os homens por viverem de acordo com noções machistas de identidade masculina. Importar-se com os homens pelo que fazem por nós não é o mesmo que amar os homens tão somente por existirem. Quando amamos a masculinidade, estendemos nosso amor, estejam os homens agindo como esperado ou não. Agir é diferente de apenas existir. Na cultura patriarcal, não é permitido aos homens simplesmente ser quem são e se contentar com sua identidade singular. Seu valor é sempre determinado pelo que fazem. Em uma cultura antipatriarcal, homens não precisariam provar seu valor e seu merecimento: eles saberiam desde o nascimento que existir por si só lhes dá valor e o direito de ser estimado e amado.

Escrevo sobre homens e o amor como uma declaração de gratidão profunda aos homens com quem pratico o trabalho do amor. Muito do meu pensamento sobre masculinidade começou na infância, quando eu observava as diferenças entre os modos como meu irmão e eu éramos tratados. Os padrões usados para julgar o comportamento dele eram muito mais rígidos. Nenhum homem fica à altura dos padrões patriarcais sem se envolver numa prática contínua de autotraição. Quando menino, meu irmão, como tantos outros, desejava apenas se expressar. Ele não queria se conformar a um roteiro rígido de "masculinidade apropriada". Como consequência, ele era desdenhado e ridicularizado pelo nosso pai patriarcal. Em seus primeiros anos, nosso irmão era uma presença amorosa em casa, capaz de expressar emoções de fascinação e júbilo. À medida que a ação e o pensamento patriarcais tomaram conta dele na adolescência, ele aprendeu a mascarar seus sentimentos amorosos. Ele adentrou aquele espaço de alienação e comportamento antissocial considerado "natural" para garotos adolescentes. Suas seis irmãs testemunhamos a mudança e lamentamos a nossa perda de conexão. O dano causado a sua autoestima na infância perdurou por toda a vida; ele continua a enfrentar o dilema de definir a si mesmo ou se deixar definir por padrões patriarcais.

Ao mesmo tempo que meu irmão renunciava a sua consciência emocional e a sua capacidade de gerar conexões emocionais para ser aceito no clube dos machos, rejeitando a companhia das irmãs por medo de que apreciá-la o fizesse menos homem, o pai da minha mãe, vovô Gus, percebia que era mais fácil ser desleal ao patriarcado na velhice. Ele era, na minha infância, o homem que praticava a arte de amar. Era emocionalmente consciente e emocionalmente presente. Contudo, ele também estava preso a um laço patriarcal. Nossa avó, com quem era casado há mais de sessenta anos, foi sempre profundamente comprometida com o modelo dominador de relacionamento. Para os machões, vovô Gus parecia ser menos que masculino. Ele era visto como um pau-mandado. Lembro de o nosso pai patriarcal expressar desprezo pelo vovô Gus, chamando-o de "fraco" — e deixando patente para mamãe, por meio da dominação, que ele não seria comandado por uma mulher. Papai tomava a admiração que mamãe tinha pelo pai dela, por sua capacidade de amar, e fazia parecer que aquilo que era precioso para ela na verdade não valia nada.

À época, mamãe não sabia como tinha sorte por ter um pai amoroso. Como tantas mulheres, ela havia sido convencida por mitos de amor romântico a sonhar com um homem audacioso, galante, forte e dominador — esse seria um parceiro apropriado. Ela se casou com o seu ideal apenas para se ver acorrentada a um homem patriarcal cruel, indiferente e autoritário. Passou mais de quarenta anos de casamento acreditando nos papéis de gênero patriarcais que lhe diziam que ele devia estar no controle e que ela devia se submeter e obedecer. Quando homens patriarcais não são cruéis, é possível que as mulheres se agarrem ao mito sedutor de que são sortudas por ter um homem de verdade, um patriarca benevolente que provê e protege. Mas, quando aquele "homem de verdade" é repetidamente cruel, quando responde ao cuidado e à ternura com desprezo e brutal indiferença, a mulher em sua vida começa a vê-lo de forma diferente. Ela pode começar a questionar a própria lealdade ao pensamento patriarcal. Pode acordar e reconhecer que está casada com o abuso, que não é amada. Esse momento de despertar é o momento do desgosto. É raro que mulheres desgostosas em relacionamentos longos abandonem o marido. Elas aprendem a construir uma identidade a partir do sofrimento, da queixa, da amargura.

Ao longo da nossa infância, mamãe foi a grande defensora do papai. Ele era seu príncipe encantado, seu amado. E, mesmo quando ela começou a enxergá-lo, realmente enxergá-lo como ele era e não como ela havia desejado que fosse, ainda assim nos ensinava a admirá-lo e a sermos gratos por sua presença, seu provimento material, sua disciplina. Uma mulher dos anos 1950, ela estava disposta a se agarrar à fantasia do ideal patriarcal mesmo quando confrontada todos os dias com a realidade brutal da dominação. Quando os filhos cresceram e saíram de casa, deixando-a sozinha com o marido, sua esperança de que o casal pudesse encontrar o caminho do amor foi logo arruinada; ela foi deixada cara a cara com o patriarca frio e emocionalmente inacessível com quem havia se casado. Depois de cinquenta anos de matrimônio, ela não o deixaria, mas nunca mais acreditaria no amor. Apenas a sua amargura encontrou uma voz. Ela agora expressava a ausência de amor, uma vida inteira de desgosto. Ela não está sozinha. Mulheres vivem com homens em situações de desamor em todas as partes do mundo. Vivem e lamentam.

Minha mãe e meu pai foram as figuras matrizes que deram forma aos meus padrões de amor e desejo. Eu passei a maior parte do tempo entre os meus vinte e quarenta anos buscando experimentar o amor com homens brilhantes no aspecto intelectual que simplesmente não possuíam consciência emocional, homens que não podiam oferecer aquilo que não tinham, homens que não podiam ensinar aquilo que não sabiam —

homens que não sabiam amar. Na casa dos quarenta anos, comecei um relacionamento com um homem bem mais jovem que havia sido instruído na arte e na prática do pensamento feminista. Ele conseguia reconhecer que tinha um espírito avariado. Quando criança, havia sido vítima da tirania patriarcal. Sabia que havia alguma coisa de errado dentro dele, por mais que ainda não tivesse encontrado uma linguagem para articular o que faltava.

"Falta algo aqui dentro" é uma autodescrição que ouvi de muitos homens enquanto viajava pelo país falando sobre amor. Repetidas vezes um homem me relatava ter tido sentimentos de exuberância emocional na primeira infância, de alegria irrefreada, de se sentir conectado à vida e às outras pessoas, e então uma ruptura acontecia, um corte, e aquela sensação de ser amado, de ser acolhido, desaparecia. De alguma forma, o teste da masculinidade, me diziam os homens, era a disposição de aceitar essa perda, de não expressá-la sequer no sofrimento privado. Infelizmente, tragicamente, esses numerosos homens estavam lembrando de um momento primordial de desgosto e dor: o momento em que foram obrigados a renunciar ao direito de sentir, de amar, para assumir seu lugar como homens patriarcais.

Todos que tentam cultivar amor com um parceiro emocionalmente inconsciente sofrem. Pilhas de livros de autoajuda nos dizem que não podemos mudar ninguém a não ser a nós mesmos. É claro que esses livros nunca revelam o que motivará homens em uma cultura patriarcal, aos quais foi ensinado que amar os emascula, a mudar, a escolher o amor, quando essa escolha significa que devem ficar contra o patriarcado, contra a tirania do que é familiar. Não podemos mudar os homens, mas podemos incentivar, invocar e afirmar sua vontade de mudar. Podemos respeitar a verdade de seu ser interior, uma verdade que eles podem não conseguir expressar: o anseio por se conectar, por amar, por ser amados.

A vontade de mudar: homens, masculinidades e amor responde às perguntas sobre o amor feitas por homens de todas as idades em nossa cultura. Escrevo em resposta a questões sobre o amor direcionadas a mim pelos homens que conheço mais intimamente, e que ainda estão se esforçando para encontrar o caminho de volta para os eus generosos e emocionalmente expressivos que um dia foram, antes de lhes terem ensinado a silenciar seus desejos e a fechar seu coração.

A vontade de mudar é a oferta que trago ao banquete da reapropriação e recuperação masculina de si, do seu direito emocional de amar e ser amado. Algumas mulheres acreditamos que poderíamos salvar os homens em nossa vida lhes dando amor, que esse amor serviria como a cura para todas as feridas causadas pelas agressões tóxicas sofridas por seus sistemas emocionais, pelos infartos emocionais que padecem diariamente. As mulheres podem participar desse processo de cura. Podemos guiar, instruir, observar, compartilhar informações e habilidades, mas não podemos fazer por homens e meninos o que eles devem fazer por si mesmos. Nosso amor ajuda, mas, sozinho, ele não salva nenhum homem, nenhum menino. Em suma, homens e meninos salvam a si mesmos quando aprendem a arte de amar.

02.
entender o patriarcado

O patriarcado é a mais letal entre as doenças sociais que afetam o corpo e o espírito masculino em nosso país. Contudo, a maioria dos homens não usa a palavra "patriarcado" no cotidiano. A maioria dos homens nunca pensa sobre o patriarcado — o que significa, como surge e como é mantido. Muitos homens em nosso país não seriam capazes de soletrar ou pronunciar essa palavra corretamente: "patriarcado" não faz parte do seu pensamento ou do seu discurso habitual. Homens que já ouviram e conhecem essa palavra costumam associá-la à libertação das mulheres, ao feminismo — e, portanto, a consideram irrelevante a suas próprias experiências. Há mais de trinta anos subo em palanques para falar sobre o patriarcado. É uma palavra que uso todos os dias, e homens que me ouvem pronunciá-la muitas vezes me perguntam o que quero dizer com ela.

Nada desacredita mais a velha projeção antifeminista dos homens como todo-poderosos do que sua ignorância elementar a respeito de um aspecto primordial do sistema político que molda e informa a identidade e a autopercepção masculinas, do berço até a morte. Eu com frequência uso a expressão "patriarcado supremacista branco capitalista imperialista" para descrever os sistemas de opressão entrelaçados que formam a base política do nosso país. Desses sistemas, aquele sobre o qual mais aprendemos na infância é o patriarcado, mesmo que jamais conheçamos a palavra, porque os papéis de gênero patriarcais nos são atribuídos quando crianças, e somos o tempo todo orientados sobre como melhor cumprir esses papéis.

O patriarcado é um sistema político-social que insiste que os homens são inerentemente dominantes, superiores a tudo e a todos os considerados "mais fracos", sobretudo as mulheres, e que a eles é atribuído o direito de dominar e governar os fracos e manter essa dominância por meio de várias formas de violência e terrorismo psicológico. Quando meu irmão e eu nascemos, separados por um ano, o patriarcado determinou como cada um de nós seria considerado por nossos pais. Ambos acreditavam no patriarcado; o pensamento patriarcal lhes havia sido ensinado através da religião.

Na igreja, eles haviam aprendido que Deus criou o homem para comandar o mundo e tudo que há nele, e que o papel da mulher era ajudar o homem a realizar essa tarefa, obedecer e sempre assumir uma posição subordinada em relação a um homem poderoso. Eles aprenderam que Deus era homem. Esses ensinamentos foram reforçados em todas as instituições com que depararam — escolas, tribunais, clubes, estádios e igrejas. Tendo aceitado o pensamento patriarcal, como todos à sua volta, papai e mamãe o transmitiram aos filhos porque lhes parecia uma forma "natural" de organizar a vida.

Como filha deles, a mim foi ensinado que meu papel era servir, ser fraca, ficar livre do fardo do pensamento, criar e cuidar dos outros. A meu irmão foi ensinado que seu papel era ser servido; prover; ser forte; pensar, arquitetar, planejar; e se recusar a criar e cuidar dos outros. A mim ensinaram que não era adequado uma mulher ser violenta, que isso era "anormal". A meu irmão ensinaram que seu valor seria determinado por sua disposição a usar da violência (desde que em contextos "apropriados"). A ele ensinaram que, para um menino, gostar de violência era uma coisa boa (desde que em contextos "apropriados"). A ele ensinaram que um menino não devia expressar sentimentos. A mim ensinaram que meninas podiam e deviam expressar sentimentos, ou pelo menos alguns deles. Quando eu respondia com raiva ao me ser negado um brinquedo, a mim ensinavam, como menina num lar patriarcal, que a raiva não era um sentimento feminino apropriado, que não apenas não devia ser expressa como devia ser erradicada. Quando meu irmão respondia com raiva ao lhe ser negado um brinquedo, a ele ensinavam, como menino num lar patriarcal, que sua capacidade de expressar raiva era boa, mas que ele devia aprender qual era o melhor contexto para liberá-la. Não era bom para ele usar sua raiva para se opor aos desígnios dos pais; no entanto, mais tarde, quando cresceu, a ele ensinaram que a raiva era permitida e que deixar a raiva levá-lo à violência o ajudaria a proteger seu lar e seu país.

Vivíamos na zona rural, isolados de outras pessoas. Nossa ideia dos papéis de gênero foi aprendida por meio de nossos pais, do modo como os vimos se comportar. Meu irmão e eu lembramos de nossa confusão a respeito do gênero. Na verdade, eu era mais forte e mais violenta que meu irmão, o que logo aprendi que era ruim. E ele era um menino pacífico e gentil, o que aprendemos que era bastante ruim. Embora estivéssemos frequentemente confusos, tínhamos certeza de uma coisa: não podíamos ser e agir como queríamos, nem fazer o que nos desse na telha. Estava claro para nós que nosso comportamento tinha de seguir um roteiro predeterminado de gênero. Ambos conhecemos a palavra "patriarcado" na vida adulta, quando aprendemos que o roteiro que havia determinado o que devíamos ser, as identidades que devíamos construir, era baseado em valores e crenças patriarcais sobre gênero.

Eu fui sempre mais interessada em questionar o patriarcado que meu irmão, porque era o sistema que sempre me deixava de fora de coisas das quais eu queria participar. Na nossa vida familiar dos anos 1950, brincar de bolinha de gude era coisa de menino. Meu irmão havia herdado suas bolinhas de gude de homens da família; ele tinha uma lata para guardá-las. De todos os tamanhos e formatos, maravilhosamente coloridas, aos meus olhos elas eram objetos lindíssimos. Brincávamos com elas, e em geral eu me agarrava agressivamente à bolinha de gude de que eu mais gostava, me recusando a compartilhá-la. Quando papai estava no trabalho, nossa mãe, dona de casa, nos deixava ficar brincando juntos com as bolinhas de gude. Já papai, que encarava nosso brinquedo de uma perspectiva patriarcal, ficava perturbado com o que via. Sua filha, agressiva e competitiva, se saía melhor que o filho. Seu filho era passivo; o garoto não parecia se importar realmente com quem ganhava, e estava disposto a dar suas bolinhas de gude quando lhe pedissem. Papai decidiu que a brincadeira tinha de acabar, que meu irmão e eu precisávamos aprender uma lição sobre os papéis de gênero.

Numa tarde qualquer, meu irmão teve permissão de papai para pegar a lata de bolinhas de gude. Anunciei meu desejo de jogar e meu irmão respondeu que "meninas não jogam bolinha de gude", que era uma brincadeira de menino. Isso não fazia nenhum sentido para minha mente de quatro ou cinco anos, e eu insisti no meu direito de jogar, pegando algumas bolinhas e as lançando. Papai interveio e me disse para parar. Eu não dei ouvidos. Sua voz foi ficando cada vez mais alta. Então, de repente, ele me levantou, arrancou uma ripa da porta e começou a me bater com ela, dizendo: "Você é só uma mocinha. Quando digo para você fazer alguma coisa, é para você fazer". Ele me bateu e me bateu, querendo que eu reconhecesse que tinha entendido o que eu havia feito. Sua raiva, sua violência, capturou a atenção de todos. Nossa família ficou lá atônita, absorta diante da pornografia da violência patriarcal. Depois dessa surra, eu fiquei de castigo — obrigada a ficar sozinha no escuro. Mamãe entrou no quarto para aliviar a dor, dizendo-me, em sua suave voz sulista: "Eu tentei te avisar. Você precisa aceitar que é só uma mocinha, e meninas não podem fazer o que os garotos fazem". A serviço do patriarcado, a sua tarefa era reforçar que papai havia feito a coisa certa ao me pôr no meu lugar, ao restaurar a ordem social natural.

Lembro muito bem desse evento traumático porque foi uma história contada repetidamente na nossa família. A constante menção a essa história poderia perfeitamente ter me causado estresse pós-traumático, mas ninguém se importava com isso; recontar era necessário para reforçar tanto a mensagem quanto o estado gravado na memória, de impotência absoluta. A recordação dessa flagelação brutal de uma filha pequena por um homem corpulento servia mais do que um lembrete para mim do meu papel de gênero: era um lembrete a todos que a assistiam/recordavam, a todos os meus irmãos, fosse menino ou menina, e à nossa mãe, mulher crescida, de que nosso pai patriarcal era o soberano em casa. Devíamos lembrar que, se não obedecêssemos a suas regras, seríamos castigados, castigados mesmo até a morte. Foi assim que fomos formados pela experiência na arte do patriarcado.

Não há nada de singular ou de excepcional nessa experiência. Ouça as vozes de crianças crescidas traumatizadas criadas em lares patriarcais, e você ouvirá variações sobre o mesmo tema: o uso da violência para reforçar nossa doutrinação e aceitação do patriarcado. Em *How Can I Get Through to You?* [Como posso me conectar com você?], o terapeuta familiar Terrence Real revela como seus filhos foram iniciados no pensamento patriarcal, ainda que os pais se empenhassem para criar um lar amoroso onde prevalecessem valores antipatriarcais. Ele conta como o filho mais novo, Alexander, gostava de se vestir de Barbie, até que garotos que brincavam com seu irmão mais velho o viram nas roupas de sua personagem e informaram a ele, por meio de olhares e de um silêncio horrorizado, desaprovador, que aquele comportamento era inaceitável:

> Sem nenhuma sombra de maldade, o olhar que meu filho recebeu transmitia uma mensagem. Você não deve fazer isso. E o meio pelo qual essa mensagem foi transmitida era uma emoção poderosa: a vergonha. Aos três anos, Alexandre estava aprendendo as regras. Uma troca silenciosa de dez segundos foi poderosa o suficiente para dissuadir meu filho, daquele momento em diante, do que havia sido sua atividade favorita. Eu chamo tais momentos de iniciação de "traumatização normal" dos meninos.

Para doutrinar os meninos nas regras do patriarcado, os forçamos a sentir dor e a negar seus sentimentos.

Minhas histórias de infância se passaram nos anos 1950; as histórias narradas por Real são recentes. Todas elas evidenciam a tirania do pensamento patriarcal, o poder que a cultura patriarcal tem de nos aprisionar. Real é um dos mais esclarecidos pensadores do tema da masculinidade patriarcal em nosso país, e ainda assim adverte a seus leitores que não consegue manter seus meninos fora do alcance do patriarcado. Eles sofrem as ofensivas desse sistema, assim como todos os meninos e meninas, em maior ou menor grau. Sem dúvida, ao criar um lar amoroso não patriarcal, Real ao menos oferece a seus filhos uma escolha: podem optar por ser eles mesmos ou pela conformidade a papéis patriarcais. Real usa a expressão "patriarcado psicológico" para descrever o pensamento patriarcal comum a mulheres e homens. Apesar do pensamento feminista visionário contemporâneo, que explicita que um pensador patriarcal não precisa ser um homem, a maioria das pessoas continua a ver os homens como o problema do patriarcado. Isso simplesmente não é verdade. As mulheres podem ser tão comprometidas com o pensamento e a ação patriarcais quanto os homens.

A lúcida definição de patriarcado do terapeuta John Bradshaw, em *A criação do amor: a grande etapa do crescimento*, é útil: "O dicionário define 'patriarcado' como uma 'organização social marcada pela supremacia do pai no clã ou na família, tanto em funções domésticas quanto religiosas' [...]. O patriarcado é caracterizado pelo poder e a dominação masculinos". Ele acrescenta que "normas patriarcais ainda governam a maioria das religiões, sistemas escolares e sistemas familiares do mundo". Ao descrever as mais perniciosas dessas regras, Bradshaw lista "a obediência cega — a fundação sobre a qual o patriarcado se sustenta; a repressão de todas as emoções, exceto o medo; a destruição da força de vontade individual; e a repressão do pensamento sempre que ele se afasta do modo de pensar da figura de autoridade". O pensamento patriarcal molda os valores da nossa cultura. Somos socializados nesse sistema, tanto as mulheres como os homens. A maioria de nós aprendeu posturas patriarcais em nossa família de origem, em geral ensinadas por nossa mãe. Essas posturas foram reforçadas por escolas e instituições religiosas.

A existência atual de casas chefiadas por mulheres leva muitas pessoas a supor que as crianças desses lares não estão aprendendo valores patriarcais, porque não há um homem presente. Supõe-se que homens são os únicos a ensinar o pensamento patriarcal. Contudo, muitos lares chefiados por mulheres endossam e promovem o pensamento patriarcal com muito mais paixão do que lares com pai e mãe. Por não possuírem uma experiência na realidade para desafiar falsas fantasias sobre papéis de gênero, as mulheres em tais lares são muito mais propensas a idealizar o papel patriarcal masculino e os homens patriarcais do que as mulheres que convivem com um homem patriarcal todos os dias. Precisamos realçar o lugar que as mulheres têm na perpetuação e na sustentação da cultura patriarcal, para reconhecermos o patriarcado como um sistema que mulheres e homens sustentam na mesma medida, ainda que os homens recebam mais recompensas desse sistema. Desmantelar e mudar a cultura patriarcal é um trabalho que homens e mulheres devem fazer juntos.

Evidentemente, não podemos desmantelar um sistema enquanto nos prestarmos a uma negação coletiva do impacto que exerce em nossa vida. O patriarcado exige dominação masculina por todos os meios necessários. Portanto, ele aprova, promove e tolera a violência sexista. Ouvimos mais sobre violência sexista em discussões públicas sobre estupro e abuso por parte de parceiros dentro de casa, mas as formas mais comuns de violência patriarcal são aquelas que ocorrem no lar entre pais patriarcais e seus filhos. O objetivo dessa violência costuma ser reforçar o modelo do dominador, em que a figura de autoridade é tida como soberana sobre todos aqueles desprovidos de poder, e a ela é dado o direito de manter esse domínio por meio de práticas de subjugação, subordinação e submissão.

Impedir que homens e mulheres digam a verdade sobre o que acontece dentro da família é uma das formas pelas quais a cultura patriarcal se mantém. A grande maioria das pessoas aplica uma regra tácita da nossa cultura, que exige que mantenhamos os segredos do patriarcado, protegendo assim o domínio do pai. Essa regra do silêncio é respaldada quando a cultura nega a todos um acesso fácil até mesmo à palavra "patriarcado". A maioria das crianças não aprende como chamar esse sistema de papéis de gênero institucionalizados; portanto, raramente o mencionamos na fala cotidiana. Esse silêncio promove a negação. Como podemos nos organizar para desafiar e mudar um sistema que não pode ser nomeado?

Não foi por acaso que as feministas começaram a usar a palavra "patriarcado" para substituir as mais comumente utilizadas "machismo" e "sexismo". Essas vozes corajosas queriam que homens e mulheres se tornassem mais conscientes do modo como o patriarcado afeta a todos nós. Na cultura popular, a palavra em si foi usada raras vezes durante o auge do feminismo contemporâneo. As ativistas anti-homens não estavam mais interessadas do que os homens sexistas em enfatizar o sistema do patriarcado e o modo como ele funciona. Pois fazer isso teria automaticamente desmascarado a noção de que os homens são todo-poderosos e as mulheres, impotentes; de que todos os homens são opressivos, e as mulheres sempre e somente vítimas. Ao pôr a culpa pela perpetuação do sexismo apenas nos homens, essas mulheres podiam manter a própria lealdade ao patriarcado, a própria ânsia por poder. Elas mascaravam sob o manto da vitimização seu desejo ávido de serem dominadoras.

Como muitas feministas radicais visionárias, eu questionei a noção equivocada, apresentada por mulheres que estavam simplesmente exaustas da exploração e opressão masculinas, de que os homens eram "o inimigo". Já em 1984, inclui um capítulo intitulado "Homens: companheiros de luta" no meu livro *Teoria feminista: da margem ao centro*, incitando pessoas que defendem uma política feminista a questionar qualquer retórica que ponha toda a culpa pela perpetuação do patriarcado e da dominação masculina apenas nos homens:

> A ideologia separatista encoraja as mulheres a ignorar o impacto negativo do sexismo na formação masculina. Ele enfatiza a polarização entre os sexos. De acordo com Joy Justice, as separatistas acreditam que existem "duas perspectivas básicas" no que concerne às vítimas do sexismo: "Existe a perspectiva de que os homens oprimem as mulheres. E existe a perspectiva de que pessoas são pessoas e que todos nós somos feridos pela rígida divisão sexual dos papéis". [...] As duas perspectivas descrevem de forma acurada nosso impasse. Os homens realmente oprimem as mulheres. As pessoas são feridas pela rígida divisão sexual dos papéis sociais. Essas duas realidades coexistem. A opressão masculina sobre

> a mulher não pode ser desculpada pelo fato de que os homens também se ressentem da rígida divisão sexual de papéis. É verdade que as ativistas feministas deveriam reconhecer que isso fere os homens também. Mas isso não apaga ou diminui a responsabilidade dos homens que apoiam e perpetuam seu poder sob o regime patriarcal explorando e oprimindo as mulheres de um modo muito mais severo do que qualquer estresse psicológico ou dor emocional causados pela obediência masculina aos rígidos padrões da divisão sexual de papéis.

Ao longo desse ensaio, enfatizei como defensoras do feminismo são coniventes com a dor dos homens lesados pelo patriarcado quando falsamente retratam os homens como os únicos poderosos, os únicos receptores dos privilégios de sua cega obediência ao patriarcado. Ressaltei que a ideologia patriarcal, com sua lavagem cerebral, faz com que homens pensem que a dominação das mulheres é benéfica, quando não é:

> E as ativistas feministas afirmamos essa mesma lógica, quando deveríamos constantemente denunciar esses atos como expressão de relações de poder pervertidas, como uma falta de controle sobre suas próprias ações, de impotência emocional, irracionalidade extrema, e, em muitos casos, completa insanidade. A internalização passiva da ideologia sexista é o que faz com que esse comportamento deturpado seja interpretado positivamente. Enquanto os homens sofrerem uma lavagem cerebral para equacionar o comportamento abusivo e violento em relação às mulheres com o exercício de privilégios, eles não terão uma compreensão dos danos que causam a si mesmos ou a outros, nem terão, assim, nenhum motivo para mudar.

O patriarcado exige dos homens que se tornem e se mantenham emocionalmente incapazes. Uma vez que se trata de um sistema que nega aos homens pleno acesso ao seu livre-arbítrio, é difícil para qualquer homem de qualquer classe se rebelar contra o patriarcado e ser desleal ao progenitor patriarcal, seja ele homem ou mulher.

O homem que tem sido meu vínculo primário por mais de doze anos foi traumatizado pela dinâmica patriarcal em sua família de origem. Quando o conheci, ele estava na casa dos vinte. Havia passado seus anos de formação na companhia de um pai alcoólatra e violento, mas as circunstâncias mudaram quando ele tinha doze anos e começou a viver sozinho com a mãe. Nos primeiros anos do nosso relacionamento, ele falava abertamente sobre a hostilidade e a raiva que sentia do pai abusivo. Ele não tinha interesse em perdoá-lo ou compreender as circunstâncias que haviam moldado e influenciado a vida do pai, fosse na infância ou no trabalho como militar.

Nos primeiros anos do nosso relacionamento, ele era extremamente crítico da dominação masculina de mulheres e crianças. Embora não usasse a palavra “patriarcado”, entendia o seu significado e se opunha a ele. Seu jeito calado e gentil costumava levar as pessoas a ignorá-lo, considerando-o um homem fraco e impotente. Já aos trinta anos, ele começou a assumir uma persona mais máscula, abraçando o modelo dominador que antes criticava. Vestindo o manto do patriarcado, ganhou mais respeito e visibilidade. Mais mulheres se atraíam por ele. Ele era mais notado nas esferas públicas. Sua crítica da dominação masculina chegou ao fim. E, de fato, ele começou a vomitar retórica patriarcal, dizendo o tipo de coisa machista que o teria horrorizado no passado.

Essas mudanças de pensamento e comportamento foram provocadas pelo desejo de ser aceito e legitimado em um ambiente de trabalho patriarcal, e racionalizadas por seu desejo de ter sucesso. Essa história não é incomum. Meninos brutalizados e vitimizados pelo patriarcado costumam se tornar patriarcais, personificando a masculinidade patriarcal abusiva que antes reconheciam com clareza e condenavam. Poucos homens brutalmente abusados quando meninos em nome da masculinidade patriarcal resistem de maneira corajosa à lavagem cerebral e permanecem fiéis a si mesmos. A maioria dos homens se conforma ao patriarcado de um jeito ou de outro.

De fato, a crítica feminista radical do patriarcado foi praticamente silenciada em nossa cultura, tornando-se um discurso de subcultura disponível apenas a elites bem instruídas. Mesmo nesses círculos, usar a palavra "patriarcado" é tido como fora de moda. Com frequência, nas minhas palestras, quando uso a expressão "patriarcado supremacista branco capitalista imperialista" para descrever o sistema político do nosso país, as plateias riem. Mas ninguém jamais me explicou por que nomear esse sistema de forma precisa é engraçado. Esse riso é em si uma arma do terrorismo patriarcal. Funciona como uma ressalva, desmerecendo a significância do que está sendo nomeado. Sugere que as palavras em si são problemáticas, e não o sistema que elas descrevem. Interpreto essa risada como a forma que a plateia encontra de mostrar desconforto ao ser chamada a se aliar a uma crítica antipatriarcal desobediente. Essa risada me lembra que, ao ousar questionar o patriarcado abertamente, corro o risco de não ser levada a sério.

Os cidadãos em nosso país temem desafiar o patriarcado, mesmo quando lhes falta consciência explícita desse medo. Isso demonstra o quanto as regras do patriarcado estão profundamente arraigadas em nosso inconsciente coletivo. Costumo dizer que, se fôssemos de porta em porta perguntar se deveríamos acabar com a violência masculina contra as mulheres, a maioria das pessoas ofereceria seu apoio inequívoco. Então, se você dissesse a essas mesmas pessoas que só podemos acabar com a violência masculina contra as mulheres acabando com a dominação masculina, erradicando o patriarcado, elas começariam a hesitar, a mudar de posição. Apesar das muitas vitórias do movimento feminista contemporâneo — mais igualdade para as mulheres na força de trabalho, mais tolerância com a renúncia a papéis de gênero rígidos —, o patriarcado enquanto sistema permanece intacto, e muitas pessoas continuam a acreditar que ele é necessário para os humanos sobreviverem como espécie. Essa crença parece irônica, visto que os métodos patriarcais de organização das nações, sobretudo a insistência na violência como meio de controle social, levaram, na verdade, à matança de milhões de pessoas no planeta.

Até que possamos reconhecer coletivamente os danos que o patriarcado provoca e o sofrimento que causa, não poderemos tratar da dor masculina. Não poderemos exigir o direito dos homens de serem plenos, de serem provedores e mantenedores da vida. Obviamente, alguns homens patriarcais são cuidadores e provedores confiáveis e mesmo benevolentes, mas ainda assim são prisioneiros de um sistema que abala a sua saúde mental.

O patriarcado promove insanidade. Ele está na raiz dos males psicológicos que afetam os homens do nosso país. Não há, entretanto, nenhuma preocupação coletiva com o tormento dos homens. Em *Domados: como a cultura traiu o homem americano*, Susan Faludi incorpora muito pouca discussão sobre o patriarcado:

> Peça a feministas um diagnóstico dos problemas dos homens e você normalmente terá uma explicação muito clara: os homens estão em crise porque as mulheres estão desafiando a dominação masculina como deveriam. As mulheres estão exigindo que os homens compartilhem as rédeas públicas, e os homens não suportam isso. Peça o mesmo a antifeministas, e você terá um diagnóstico que é, em um aspecto, similar. Os homens estão perturbados, muitos comentaristas conservadores dirão, porque as mulheres foram longe demais em suas demandas por tratamento igualitário e estão agora querendo tomar o poder e o controle dos homens. [...] A mensagem subjacente: os homens não podem ser homens, apenas eunucos, se não estiverem no controle. Ambas as visões, feminista e antifeminista, baseiam-se em uma percepção estadunidense peculiarmente moderna de que ser um homem significa estar no controle e, a todo momento, sentir-se no controle.

Faludi nunca interroga a ideia de controle. Ela jamais considera a possibilidade de que seja falsa a ideia de que os homens estavam de alguma forma no controle, no poder, e satisfeitos com a vida antes do movimento feminista contemporâneo.

O patriarcado, enquanto sistema, nega aos homens acesso ao bem-estar emocional pleno, o que não é o mesmo que se sentir recompensado, bem-sucedido ou poderoso devido à capacidade de exercer controle sobre outras pessoas. Para tratar verdadeiramente da dor e da crise masculinas, devemos estar dispostos, como nação, a denunciar a dura realidade de que o patriarcado prejudicou os homens no passado e continua prejudicando-os no presente. Se o patriarcado fosse de fato recompensador aos homens, a violência e o vício na vida familiar, tão onipresentes, não existiriam. Essa violência não foi criada pelo feminismo. Se o patriarcado fosse recompensador, a esmagadora insatisfação que a maioria dos homens sente na vida profissional — uma insatisfação extensivamente documentada no trabalho de Studs Terkel e que ecoa no tratado de Faludi — não existiria.

De muitas formas, *Domados* foi mais uma traição aos homens estadunidenses porque Faludi dedica tanto esforço tentando não questionar o patriarcado que acaba por não destacar a necessidade de acabar com o patriarcado para libertar os homens. No lugar disso, ela escreve:

> Em vez de me perguntar por que os homens resistem à luta das mulheres por uma vida mais livre e saudável, comecei a me perguntar por que os homens se recusam a se engajar em sua própria luta. Por que, apesar de um crescendo de chiliques aleatórios, eles não oferecem nenhuma resposta racional e metódica ao seu dilema: dada a natureza ofensiva e insustentável das demandas impostas sobre os homens para se provarem em nossa cultura, por que os homens não se revoltam? [...] Por que os homens não respondem à série de traições em suas próprias vidas — às promessas não cumpridas de seus pais — com algo equivalente ao feminismo?

Notem que Faludi não se arrisca a incorrer nem na ira das feministas, sugerindo que os homens podem encontrar salvação no movimento feminista, nem na rejeição de potenciais leitores homens que sejam solidamente antifeministas, sugerindo que eles poderiam ganhar alguma coisa ao se engajar no feminismo.

Até agora, em nosso país, o movimento feminista visionário é a única luta por justiça que enfatiza a necessidade de acabar com o patriarcado. Nenhum grupo massivo de mulheres desafiou o patriarcado, tampouco algum grupo de homens se juntou para liderar a luta. A crise que se apresenta aos homens não é a crise da masculinidade; é a crise da masculinidade patriarcal. Até que tornemos essa distinção nítida, os homens continuarão a temer que qualquer crítica ao patriarcado represente uma ameaça. O terapeuta Terrence Real esclarece que o patriarcado que prejudica a nós todos está incrustado em nossa psique, e o diferencia do patriarcado político, que ele vê principalmente como relacionado à luta para acabar com o machismo:

> O patriarcado psicológico é a dinâmica entre aquelas qualidades consideradas "masculinas" e "femininas", em que metade de nossas características humanas é exaltada enquanto a outra metade é desvalorizada. Tanto homens quanto mulheres participam desse sistema de valores deturpado. O patriarcado psicológico é uma "dança do desprezo", uma forma perversa de conexão que substitui a verdadeira intimidade por complexas camadas ocultas de dominação e submissão, intriga e manipulação. É o sistema mascarado de relacionamentos que se espalhou pela civilização ocidental geração após geração, deformando ambos os sexos e destruindo a ardente conexão entre eles.

Ao evidenciar o patriarcado psicológico, vemos que todos estão implicados e ficamos livres da percepção equivocada de que os homens são o inimigo. Para acabar com o patriarcado, precisamos enfrentar suas manifestações na vida cotidiana, tanto as psicológicas quanto as concretas. Existem pessoas que conseguem criticar o patriarcado, mas não são capazes de agir de maneira antipatriarcal.

Para acabar com a dor dos homens, para responder efetivamente à crise dos homens, precisamos nomear o problema. Precisamos reconhecer que o problema é o patriarcado e trabalhar para acabar com o patriarcado. Terrence Real oferece esta percepção valiosa: "A reivindicação da plenitude é um processo ainda mais pesado para os homens do que tem sido para as mulheres, mais difícil e mais profundamente ameaçador para toda a cultura". Para que os homens se apropriem da bondade essencial do ser masculino, para que recuperem o lugar de solidariedade e expressividade emocional que é a base do bem-estar, devemos conceber alternativas à masculinidade patriarcal. Todos devemos mudar.

03.
ser menino

Os meninos não são considerados merecedores de amor na cultura patriarcal. Ainda que o sexismo tenha sempre estipulado que os meninos possuem mais status que as meninas, status e até as recompensas do privilégio não são o mesmo que ser amado. A agressão patriarcal à vida emocional dos meninos começa assim que nascem. Ao contrário da mitologia sexista, no mundo real dos e das bebês, os bebês do sexo masculino se expressam mais. Eles choram mais alto e por mais tempo. Chegam ao mundo querendo ser vistos e ouvidos. O pensamento sexista, no seu pior, faz com que muitos pais e muitas mães deixem bebês do sexo masculino chorar sem nenhum gesto de conforto, por temerem que dar muito colo a bebês meninos, confortá-los demais, pode fazer com que cresçam molengas. Felizmente, já houve ruptura suficiente com papéis sexistas rígidos para permitir que pais e mães conscientes rejeitem essa lógica falha e ofereçam a bebês do sexo masculino o mesmo conforto que dedicam ou dedicariam às meninas.

Nos últimos anos, ficou evidente para os pesquisadores que trabalham na promoção da vida emocional dos meninos que a cultura patriarcal influencia os pais e as mães a menosprezar o desenvolvimento emocional dos meninos. Naturalmente, esse descaso afeta a capacidade dos meninos de amar e de ser amáveis.

Dan Kindlon e Michael Thompson, autores de *Criando Caim: proteger a vida emocional dos rapazes*, ressaltam que meninos são livres para ser mais emocionais na primeira infância porque ainda não aprenderam a temer e a desprezar a expressão de dependência: "Todas as crianças, inclusive os meninos, vêm a este mundo querendo amar e ser amadas pelos pais e pelas mães. Quarenta anos de pesquisa sobre apego emocional mostram que, sem isso, as crianças morrem ou sofrem graves danos emocionais". Apesar dessas revelações poderosas, Kindlon e Thompson não falam sobre o impacto do patriarcado. Não contam aos leitores que, para proteger de fato a vida emocional dos meninos, precisamos dizer a verdade sobre o poder do patriarcado. Devemos ousar encarar o modo como o pensamento patriarcal cega a todos nós, impedindo-nos de ver que a vida emocional dos meninos não pode ser plenamente respeitada enquanto prevalecerem as noções de masculinidade patriarcal. Não podemos ensinar aos meninos que "homens de verdade" não sentem ou não expressam seus sentimentos e esperar que se sintam confortáveis ao entrar em contato com suas emoções.

Grande parte da pesquisa tradicional sobre a vida emocional dos meninos traça a conexão entre as noções de dominância masculina e o bloqueio das emoções na infância, ao mesmo tempo que os pesquisadores agem como se os valores patriarcais pudessem permanecer intactos. Best-sellers como *Criando Caim* e o livro de James Garbarino, *Lost Boys: Why Our Sons Turn Violent and How We Can Save Them* [Garotos perdidos: por que nossos filhos se tornam violentos e como podemos salvá-los], resumem o modo como meninos estão sendo lesados emocionalmente, mas não oferecem uma visão alternativa corajosa que possa confrontar fundamentalmente a masculinidade patriarcal. Esses livros até chegam a sugerir que, dentro do sistema patriarcal existente, a infância dos meninos deveria ficar livre de demandas patriarcais. Mas o mérito do patriarcado em si nunca é abordado. Em *Criando Caim*, os autores concluem afirmando:

> O que os meninos necessitam, antes de tudo, é ser vistos em uma perspectiva diferente daquela prescrita pela tradição. Individualmente, e enquanto cultura, devemos descartar a visão distorcida dos meninos que ignora ou nega sua capacidade de sentir, a visão que colore a própria percepção que os meninos têm de si mesmos como se estivessem acima ou de fora de uma vida de emoções.

Kindlon e Thompson despolitizam a linguagem com cautela. O uso que fazem da palavra "tradição" distorce a realidade de que a cultura patriarcal que condicionou quase todo mundo em nosso país a rechaçar a vida emocional dos meninos é um sistema político e social arraigado. Tampouco se trata de um acidente da natureza. Mulheres antifeministas, como Christina Hoff Sommers, caem na graça patriarcal dos homens ao difundir a ideia, exposta em seu livro *The War against Boys* [A guerra contra os meninos], de que "o feminismo está prejudicando nossos rapazes". Sommers supõe erroneamente que educar os meninos para ser antipatriarcais é "ressocializar os meninos na direção da feminilidade". Convenientemente, ela ignora que as pensadoras feministas somos tão críticas de noções sexistas de feminilidade quanto das noções patriarcais de masculinidade. É o patriarcado que, em sua negação da humanidade plena dos meninos, ameaça a vida emocional deles, não o pensamento feminista. Para mudar as "tradições" patriarcais, precisamos acabar com o patriarcado, o que envolve conceber formas alternativas de pensar sobre a masculinidade, não apenas sobre a infância dos meninos.

Sem nunca usar a palavra "patriarcado" (ele usa a expressão "masculinidade tradicional"), o psicólogo James Garbarino sugere, em *Lost Boys*, que o cultivo de uma individualidade andrógina, que combine os traços considerados masculinos com os femininos, asseguraria aos meninos o direito de ser emotivos. Na seção "Do que os meninos precisam", Garbarino escreve:

> Onde e como os meninos aprendem o que significa ser um homem? Parecem aprender, muito frequentemente, com a grande mídia e com os homens de mais visibilidade em sua comunidade, sobretudo seus pares. Os amigos dos meninos são os árbitros do que é masculino e do que é feminino; portanto, a resiliência de uma comunidade entre os meninos depende de mudar atitudes machistas entre grupos de meninos e de expandir suas concepções do que é e do que faz um homem de verdade.

A obra de Garbarino é poderosa e bastante precisa nas descrições e informações que oferece sobre as múltiplas formas como os meninos são traumatizados pela exigência de negar suas emoções. Mas também é perturbadora, porque o próprio autor parece relutante em vincular seu reconhecimento do dano causado aos meninos à crítica ao pensamento e à prática patriarcal. É como se ele acreditasse que, de alguma forma, seria necessária apenas uma reforma dos valores patriarcais para que as emoções dos meninos pudessem ser acolhidas, pelo menos até que cresçam.

Honestamente, é difícil entender por que esses homens que sabem tanto sobre como o pensamento patriarcal prejudica os meninos são incapazes de chamar o problema pelo verdadeiro nome e, com isso, se permitir conceber um mundo onde os sentimentos dos meninos possam de fato importar. Talvez eles se calem porque qualquer crítica ao patriarcado leva necessariamente a uma discussão sobre se a conversão ao pensamento e à prática feminista seria a resposta. Tem sido difícil para muitos pensadores homens que se debruçam sobre a vida emocional dos meninos enxergar o feminismo como uma teoria proveitosa. Em grande medida, os sentimentos anti-homem de algumas feministas levaram o movimento a dar muito pouca atenção ao desenvolvimento dos meninos.

Um dos tremendos fracassos da teoria e da prática feministas é a falta de um estudo concentrado da infância dos meninos que ofereça diretrizes e estratégias para uma masculinidade alternativa e formas de pensar a masculinidade. De fato, a retórica feminista que insistia em identificar os homens como "inimigo" não criou espaços nos quais os meninos pudessem ser considerados e vistos como dignos de serem resgatados da exploração e opressão patriarcal, assim como as meninas. À semelhança dos pesquisadores que escrevem sobre a vida emocional dos meninos em uma perspectiva não feminista, pesquisadoras feministas costumam ser relutantes ou pouco dispostas a mirar no pensamento patriarcal. A terapeuta familiar Olga Silverstein, em *A coragem de criar grandes homens*, diz pouco sobre o patriarcado, embora ofereça estratégias alternativas para a criação de meninos. Há duas grandes barreiras que impedem os pesquisadores de colocar o alvo de suas análises no patriarcado. Por um lado, eles têm medo de que uma análise muito explicitamente política aliene seus leitores; por outro, podem apenas não ter visões alternativas para oferecer.

A teoria feminista nos apresentou críticas brilhantes do patriarcado e muito poucas ideias perspicazes sobre masculinidades alternativas, sobretudo no que diz respeito aos meninos. Muitas mulheres feministas que tiveram filhos homens viram-se relutantes em contestar aspectos convencionais da masculinidade patriarcal quando seus meninos quiseram adotar esses valores. Elas perceberam que não queriam negar aos filhos o acesso a armas de brinquedo, nem mandar que ficassem passivos quando outro menino os atacasse no parquinho. Para muitas feministas esclarecidas, que criam os filhos sozinhas e com recursos econômicos limitados, o esforço de estar constantemente mapeando para os filhos alternativas à masculinidade patriarcal simplesmente exige tempo demais.

Uma das minhas melhores amigas é mãe solo de duas crianças, uma filha mais velha e um filho mais novo. Quando o filho nasceu, eu sugeri o nome Ruby. Seu pai biológico disse, jocoso: "Ela deveria ter seu próprio filho e chamá-lo de Ruby". Bem, seu nome do meio é Ruby. Quando ele tinha cerca de cinco anos, decidiu que queria usar o nome Ruby. Os meninos na escola lhe comunicaram, então, por meio de chacota, que esse era um nome de menina. Como forma de intervenção, ele e sua mãe levaram à escola fotos de todos os homens ao longo da história que se chamavam Ruby. Mais tarde, ele quis pintar as unhas com esmalte para ir à escola. Mais uma vez, os colegas lhe disseram que meninos não usam esmalte. Sua mãe e sua irmã juntaram todos os caras adultos descolados que conheciam e foram à escola mostrar que homens podem usar esmalte. No entanto, isso foi na época em que minha amiga estava na pós-graduação; quando ela começou a trabalhar em tempo integral, ficou mais difícil manter essa vigilância. Há bem pouco tempo, seu filho disse que gostava muito do cheiro dela. Ela revelou a ele que podia ter o mesmo cheiro. Ele disse a ela que não poderia, de forma alguma, ir à escola cheiroso. Ele havia recebido a mensagem de que "meninos não são cheirosos". Em vez de encorajá-lo a encarar mais esse desafio, ela o deixou escolher e não julgou sua escolha. É o que ela passou a fazer desde então. Mas ela se entristece por ele, pelo fato de a conformidade às normas patriarcais ter interferido em seus desejos.

Muitos pais e mães antipatriarcais descobrem que as masculinidades alternativas que asseguram aos filhos meninos são destruídas não pelos adultos mas pelos colegas. Pais e mães progressistas que se esforçam para ser vigilantes em relação à grande mídia a que seus meninos têm acesso precisam intervir constantemente e oferecer ensinamentos que contrariem a pedagogia patriarcal tida como "normal". Em *How Can I Get Through to You?*, Terrence Real, pai de dois garotos, afirma:

> Nossos filhos aprendem o código cedo e muito bem: não chore, não mostre vulnerabilidade; não demonstre fraqueza — basicamente, não dê a entender que você se importa. Como sociedade, podemos ter alguma noção de que criar meninos e meninas plenos é uma boa ideia, mas não significa que de fato façamos isso. Ainda que eu ou você sejamos comprometidos com a criação de filhos menos reprimidos, a cultura, de forma geral, por mais que talvez esteja mudando, ainda está longe de ter mudado. Por mais que tentemos evitar, nos cinemas, nas salas de aula, no

> parquinho, nossos filhos e filhas são bombardeados com mensagens tradicionais sobre masculinidade e feminilidade, hora após hora, dia após dia.

Mais uma vez, Real usa a palavra "tradicional" em vez de "patriarcal". Contudo, é raro que tradições sejam difíceis de mudar. O que tem sido praticamente impossível de mudar é a propaganda cultural patriarcal generalizada. No entanto, começamos a proteger o bem-estar emocional dos meninos e de todos os homens quando chamamos essa propaganda por seu verdadeiro nome, quando reconhecemos que a cultura patriarcal exige que meninos neguem, suprimam e, se tudo correr como esperado, desativem a consciência emocional e a capacidade de sentir.

Os meninos pequenos são os únicos homens em nossa cultura a quem se permite estar plena e completamente em contato com os sentimentos, a quem se permite momentos em que podem expressar sem culpa o desejo de amar e ser amado. Se tiverem muita, muita sorte, conseguirão se manter conectados ao eu interior ou a alguma parte de si até antes de ingressarem em um sistema escolar patriarcal, no qual papéis sexuais rígidos serão aplicados pelos colegas de forma tão rigorosa quanto em qualquer prisão masculina adulta. Os raros meninos que porventura vivem em lares antipatriarcais aprendem cedo a levar uma vida dupla: dentro de casa podem sentir, se expressar e existir; fora de casa, precisam se conformar ao papel de menino patriarcal. Meninos patriarcais, assim como os adultos patriarcais, conhecem as regras: sabem que não podem expressar sentimentos, com exceção da raiva; que não podem fazer nada considerado feminino ou afeminado. Uma pesquisa nacional com garotos adolescentes evidenciou a aceitação passiva da masculinidade patriarcal. Os pesquisadores constataram que os meninos concordam que, para ser realmente másculos, devem impor respeito, ser durões, não falar sobre problemas e dominar as mulheres.

Dia após dia, por todo o país, os meninos consomem imagens midiáticas que carregam uma única mensagem sobre como lidar com as emoções, e essa mensagem é: "Exploda!". Geralmente explodir significa agressão dirigida ao exterior. Chutar, gritar e bater chamam atenção. Já que a criação patriarcal não ensina os meninos a expressar seus sentimentos por meio de palavras, os meninos ou explodem ou entram em colapso. Pouquíssimos meninos são ensinados a expressar com palavras o que sentem, quando o sentem. E, mesmo quando os meninos conseguem expressar seus sentimentos durante a primeira infância, eles aprendem, à medida que crescem, que não lhes cabe sentir, e se fecham.

A confusão que os meninos vivenciam em relação a sua identidade se intensifica durante a adolescência. De muitas formas, o fato de serem forçados a suprimir a expressão e a consciência emocional da primeira infância à medida que crescem torna a adolescência ainda mais estressante para os meninos. Tragicamente, não fosse a violência extrema que tem irrompido entre garotos adolescentes em todo o país, a vida emocional dos meninos ainda seria ignorada. Embora os terapeutas nos digam que as imagens de violência e dominação na mídia de massa ensinam aos meninos que a violência é envolvente e gratificante, quando os meninos individualmente são violentos, sobretudo quando matam de maneira aleatória, os comentaristas tendem a se comportar como se a razão de os meninos serem tão violentos fosse um mistério.

Pesquisas feministas progressistas sobre meninos adolescentes têm desacreditado a ideia de que seria natural aos meninos passar por uma fase antissocial em que dissociam e se desconectam. Estudos recentes indicam que, na verdade, é emocionalmente prejudicial aos jovens ficar isolados e sem cuidado ou estímulo emocional. No passado, supunha-se que a agressão era parte do ritual de separação, uma forma de o menino em crescimento afirmar sua autonomia. Contudo, é evidente que, da mesma forma como as meninas aprendem a ser autônomas e a criar uma distância saudável dos pais sem se tornarem antissociais, os meninos podem fazer o mesmo. Em famílias saudáveis, os meninos conseguem aprender e afirmar autonomia sem incorrer em comportamentos antissociais, sem se isolar. No mundo todo, regimes terroristas usam o isolamento para dobrar o espírito das pessoas. Essa arma de terrorismo psicológico é empregada diariamente em nosso país contra meninos adolescentes. Isolados, eles perdem o sentido de seu valor e de seu merecimento. Não surpreende então que, ao retomarem o convívio social, tragam consigo uma fúria mortal como defesa primária.

Por mais que uma enorme quantidade de meninos no país não cometa crimes violentos que resultem em assassinato, a verdade que ninguém quer nomear é que todos os meninos estão sendo criados para ser matadores, ainda que aprendam a esconder o assassino que levam dentro e a agir como jovens patriarcas benevolentes. (Cada vez mais meninas que adotam um pensamento patriarcal também incorporam a ideia de que precisam ser violentas para ter poder.) Quando conversamos com garotas adolescentes de todas as classes sociais que estão sendo agredidas em segredo pelos namorados (os quais dizem que estão lhes "ensinando"), ouvimos as mesmas histórias do tipo "o médico e o monstro" contadas por mulheres adultas quando falam sobre seus relacionamentos com homens abusivos. Essas garotas descrevem garotos aparentemente legais, que têm explosões de raiva. Ouvimos repetidas vezes no noticiário sobre o jovem rapaz aparentemente gentil e quieto cujo interior violento se revela de repente. Os meninos são incentivados pelo pensamento patriarcal a invocar a raiva como o caminho mais fácil para a virilidade. Não deveria surpreender, portanto, que, sob a superfície, haja uma raiva fermentando nos meninos, uma fúria esperando o momento de ser ouvida.

Grande parte da raiva que os meninos expressam é uma resposta à exigência de que não demonstrem nenhuma outra emoção. É melhor sentir raiva do que apatia porque a raiva costuma levar a ações mais práticas. A raiva pode ser, e geralmente é, o esconderijo do medo e da dor. Em *O coração da alma: consciência emocional*, os autores Gary Zukav e Linda Francis exploram as maneiras como a raiva entrincheira o eu que sente:

> A raiva tolhe o amor e isola aquele que está com raiva. É uma tentativa, muitas vezes bem-sucedida, de afastar o que mais se deseja — companheirismo e compreensão. É uma negação da humanidade dos outros, bem como uma negação de sua própria humanidade. A raiva é a agonia de acreditar que você não é capaz de ser compreendido, e que não merece ser compreendido. É um muro que separa você dos outros de forma tão eficaz quanto se fosse de concreto, espesso e muito alto. Não há como passar por ele, nem por baixo nem por cima.

Sem dúvida, em quase todas as situações em que meninos matam, descobrimos narrativas de raiva que descrevem as realidades emocionais antes de elas acontecerem. É importante notar que essa raiva se expressa através de um amplo espectro de classe, raça e circunstâncias familiares. Meninos violentos de lares abastados são tão emocionalmente alienados quanto meninos violentos que cresceram na marginalidade.

Em um momento da história de nosso país em que mais meninos do que nunca são criados em lares monoparentais liderados por mulheres, a mídia de massa espalha a mensagem de que uma mulher solteira é incapaz de criar um menino saudável. Em todo o país, mães temem que esse tipo de criação possa prejudicar os filhos. Esta é a questão que Olga Silverstein enfrenta em *A coragem de criar grandes homens*. Ao comentar que muitas pessoas ainda acreditam que as mães comprometem a masculinidade dos filhos, ela escreve: "A maioria das mulheres, como a maioria dos homens, acha que a influência da mãe acabará sendo prejudicial para o filho homem, que o enfraquecerá e que somente o exemplo de um homem pode guiar um filho à masculinidade. As mães solo, em particular, são assombradas pelo medo de produzir um maricas". A homofobia está na base do medo de que permitir que meninos sintam fará com que se tornem gays; esse medo costuma ser mais intenso em lares monoparentais. Como consequência, as mães dessas famílias podem acabar sendo demasiado duras e emocionalmente distantes dos filhos, imaginando que esse tratamento ajudará os meninos a se tornarem mais masculinos.

Apesar de haver informação abundante para o público de que muitos homens gays vêm de famílias com pai e mãe e podem ser machistas e misóginos, premissas equivocadas sobre o que torna um homem gay ainda florescem. Todos os dias, meninos que expressam seus sentimentos são psicologicamente intimidados e, em casos extremos, brutalmente espancados por pais que temem que um filho sensível talvez seja homossexual. Os homens gays compartilham com os homens hétero as mesmas ideias de masculinidade aceitável. Felizmente, há homens gays que ousam enfrentar a masculinidade patriarcal. Mas a maioria dos homens gays em nossa cultura é tão receptiva ao pensamento sexista quanto os heterossexuais. O pensamento patriarcal os leva a construir paradigmas de comportamento sexual desejável similares aos do homem hétero patriarcal. Logo, muitos homens gays são tão raivosos quanto os heterossexuais.

Assim como o sadismo materno floresce em um mundo onde as mulheres são levadas a pensar que a crueldade emocional direcionada aos filhos os torna mais preparados para a masculinidade, o sadismo paterno é o resultado natural dos valores patriarcais. No livro *The Man I Might Become: Gay Men Write about Their Fathers* [O homem que posso me tornar: homens gays escrevem sobre seus pais], organizado por Bruce Shenitz, muitas das histórias de infância narram rituais de sadismo paterno. Como James Saslow escreve em "Daddy Was a Hot Number" [Papai era bonitão]:

> Toda criança sofre aquela dolorosa pontada de inadequação quando seu pai vira a cara; só que ela é duas vezes mais forte quando ele é seu objeto de desejo, além de seu mentor e modelo. Só o amor de mãe é incondicional. [...] Mas o amor paterno também tem a ver com moldar a criança. [...] Os pais nos desafiam e nos julgam — é seu papel na socialização da próxima geração.

> Nessa mítica batalha de vontades, a persuasão e o exemplo são as armas preferenciais, mas se elas não dão conta do trabalho, o instrutor de recrutas precisa lançar mão da bomba atômica da guerra familiar: a rejeição.

A maioria dos pais patriarcais do nosso país não usa a violência física para manter os filhos sob controle; usa diversas técnicas de terrorismo psicológico, sendo a principal delas a prática da humilhação. Os pais patriarcais não conseguem amar os filhos porque as regras do patriarcado ditam que eles se mantenham em competição com os filhos, prontos para provar que são o homem de verdade, que estão no comando. No ensaio "Finding the Light and Keeping It in Front of Me" [Encontrar a luz e mantê-la diante de mim], Bob Vance fala sobre caminhar atrás do pai quando menino, desejando se conectar, mas sabendo intuitivamente que nenhuma conexão era possível:

> Alguma coisa me impede de pedir a ele o que preciso. Eu sei, na medida em que um menino tão novo pode intuir essas coisas, que estou fora de seu mundo e que, de alguma forma, me é proibido perguntar a ele o que posso fazer para que me leve para o seu mundo, me abrace alegre ou carinhosamente. A ruptura começa aí. Essa é a memória mais antiga que tenho do meu pai.

Para o pai patriarcal, os filhos só podem ser vistos como recrutas em treinamento; portanto, devem estar constantemente sujeitos a disputas de poder sadomasoquistas projetadas para enrijecê-los, para prepará-los para manter o legado patriarcal. Enquanto filhos, eles habitam um mundo em que os pais se esforçam para mantê-los na segunda posição; como patriarcas em treinamento, devem aprender a assumir a dianteira. Real explica:

> Manter relacionamentos com os outros requer um bom relacionamento com nós mesmos. A autoestima saudável é um senso interno de valor, que não leva a pessoa nem à grandiosidade do "melhor que" nem à vergonha do "menos que". [...] O desprezo é o motivo pelo qual tantos homens têm tamanha dificuldade em se manter conectados. Uma vez que a autoestima saudável — não estar nem em cima nem embaixo — ainda não é uma opção real, e como estar na posição inferior provoca desdém em si e nos outros, a maioria dos homens aprende a esconder a vergonha crônica que os persegue [...] fugindo de sua própria humanidade e também da proximidade com qualquer outra pessoa.

Essa fuga da intimidade é mais intensa na vida de meninos adolescentes porque, nesse liminar entre a infância e o início da vida adulta, eles vivenciam um espectro de emoções que os faz se sentir fora de controle, temendo não corresponder aos padrões da masculinidade patriarcal. A raiva reprimida é o esconderijo perfeito para todos esses temores.

Apesar das grandes mudanças nos papéis de gênero na vida pública, nos espaços privados muitos meninos são traumatizados por relações com pais distantes ou ausentes. Ao trabalhar com grupos de homens e ouvi-los falar sobre a infância, eu escuto histórias que contam sobre a falta de conexão emocional com os pais. Ao tentarem corresponder às expectativas patriarcais, muitos meninos temem a fúria do pai. Em *Man Enough: Fathers, Sons, and the Search for Masculinity* [Homem o bastante: pais, filhos e a busca pela masculinidade], Frank

Pittman recorda: "Com medo de não ter o suficiente dela, eu ficava perplexo ante a masculinidade. Pensava que meu pai tinha algum poder mágico que não estava passando para mim, um segredo que não havia me contado". A mesma suposição aparece repetidas vezes, o que sugere haver um ideal masculino que os jovens não sabem bem como atingir e que abala sua autoestima. E a crise relacionada a esse anseio parece ser sentida mais a fundo por filhos de pais ausentes. Sem uma conexão positiva com um homem adulto real, eles são muito mais propensos a investir em um ideal patriarcal hipermasculino. O medo de não conseguir atingir o grau correto de virilidade em geral se traduz em raiva. Muitos garotos adolescentes sentem raiva porque a fantasia da conexão emocional entre pai e filho, o amor que imaginam que haverá, nunca se realiza. Em seu lugar há apenas um espaço de anseios vazios. Mesmo quando se torna evidente que a fantasia não vai se realizar, que a "ferida paterna" não vai sarar, os meninos se agarram a esse anseio. Isso pode lhes dar um senso de busca e o propósito de sentir que um dia será possível encontrar o pai ou, ao terem filhos, tornarem-se o pai sonhado.

Frustrados na busca por vínculo paterno, os meninos costumam sentir imensa tristeza e depressão. Eles conseguem mascarar esses sentimentos porque lhes é permitido se isolar, se afastar do mundo e fugir para a música, a televisão, o videogame etc. Não há escape emocional para a dor de um garoto adolescente decepcionado. Ser capaz de se enlutar pela perda da conexão emocional com o pai seria uma forma saudável de lidar com a decepção. Mas os meninos não têm espaço para o luto. Essa necessidade de espaço para sofrer é retratada de modo comovente no filme *Tempo de Recomeçar* [2001]. Ao descobrir que tem câncer e que lhe resta pouco tempo de vida, o pai no filme busca se conectar com o filho adolescente, usuário de drogas, revoltado e confuso em relação a sua sexualidade, que vive com a mãe e o padrasto. No pouco tempo que passa com o pai, o filho consegue desenvolver uma conexão emocional. Quando descobre que o pai está morrendo, o filho se enfurece por ter recebido a oferta de um amor que não durará. No estudo de Donald Dutton sobre homens abusivos, *The Batterer* [O agressor], ele observa que há poucos modelos masculinos de sofrimento e enfatiza que "os homens em particular parecem incapazes de sofrer e se enlutar individualmente. Presos em um mundo que lhes diz que meninos não devem expressar sentimentos, os adolescentes não têm um lugar para onde ir em que a dor seja aceita". Por mais que os adultos reclamem da raiva dos adolescentes, a maioria deles acha mais confortável confrontar um adolescente revoltado do que um que esteja tomado pela tristeza e não consiga parar de chorar. Os meninos aprendem a acobertar a dor com a raiva; quanto mais perturbado o menino, mais carregada é a máscara de indiferença. Fechar-se emocionalmente é a melhor defesa quando o anseio por conexão tem de ser recusado.

Os adolescentes são o grupo menos amado em nosso país. Meninos e meninas adolescentes são muitas vezes temidos, precisamente porque costumam expor a hipocrisia dos pais e do mundo à sua volta. E nenhum grupo de adolescentes é mais temido que um bando de garotos adolescentes. Abandonados emocionalmente pelos pais e pela sociedade como um todo, muitos meninos têm raiva, mas ninguém de fato se importa com essa raiva a não ser que ela leve a um comportamento violento. Se os meninos pegam sua raiva e sentam em frente a um computador o dia todo, sem falar nada, sem se relacionar, ninguém se importa. Se os meninos levam sua raiva ao shopping center, ninguém se importa, desde que ela seja contida. Em *Lost Boys*, o terapeuta James Garbarino declara que, no que diz respeito aos meninos, "a negligência é mais comum do que o abuso: mais meninos são abandonados no plano emocional do que diretamente atacados, física ou emocionalmente". A negligência das emoções estabelece as bases da anestesia emocional que ajuda os meninos a se sentir melhor diante do abandono. Explosões de raiva nos meninos são tidas como normais, explicadas pela antiga justificativa para o mau comportamento patriarcal adolescente: "Meninos são assim mesmo". O patriarcado gera a raiva dos meninos e então a contém para uso futuro, tornando-a um recurso a ser explorado quando se tornarem homens. Como produto nacional, essa raiva pode ser colhida para promover o imperialismo, o ódio e a opressão de mulheres e homens ao redor do planeta. Essa raiva é necessária para que os meninos se tornem homens dispostos a viajar o mundo para lutar em guerras sem jamais exigir que outras formas de resolução de conflitos sejam colocadas em prática.

Desde que multidões de meninos estadunidenses começaram — na esteira da luta por direitos civis, da libertação sexual e do movimento feminista — a exigir o direito de serem psicologicamente plenos, e expressaram essas demandas de modo mais visível, recusando-se a lutar na Guerra do Vietnã, a mídia de massa, como ferramenta de propaganda do patriarcado supremacista branco capitalista imperialista, mirou nos rapazes e se engajou numa pesada lavagem cerebral para reforçar o patriarcado psicológico. Hoje, meninos e jovens são inundados diariamente com uma pedagogia venenosa que apoia a violência e a dominação masculina, que os ensina que a violência desenfreada é aceitável, que os ensina a desrespeitar e odiar mulheres. Dada esta realidade e o concomitante abandono emocional dos meninos, não deveria surpreender ninguém que eles sejam violentos, que estejam dispostos a matar; deveria nos surpreender que a matança não esteja ainda mais disseminada.

O ataque cruel do patriarcado à autoestima dos garotos adolescentes se tornou uma norma aceita. Há um grave silêncio sobre a tirania dos homens adultos em relação aos adolescentes. Grande parte do terrorismo e da competição empreendida por homens adultos contra meninos e jovens é transmitida pela mídia de massa. Uma enorme parcela dos conteúdos dirigidos aos consumidores jovens é criada por homens adultos emocionalmente paralisados, que têm apenas a pornografia da violência para compartilhar com os mais jovens. Para esse fim, criam imagens que tornam a matança atraente e a exploração sexual de mulheres, a recompensa sedutora. Na esteira de críticas feministas, antirracistas e pós-coloniais do patriarcado supremacista branco capitalista imperialista, a reação que visa reestabelecer o patriarcado é feroz. O feminismo pode ignorar os meninos e os jovens, mas os homens patriarcais capitalistas não o fazem. Foram homens ricos, brancos e adultos, neste país, os primeiros a lerem e se apaixonarem pelos livros de *Harry Potter*. Embora escritos por uma mulher britânica inicialmente apresentada pelos homens estadunidenses brancos e ricos que a "descobriram" como uma mãe solteira da classe trabalhadora, os livros de J. K. Rowling são releituras modernas sagazes do romance estudantil inglês. Harry, na condição de herói contemporâneo, é o geniozinho branco, abençoado, talentoso e superinteligente (um minipatriarca) que "chefia" crianças igualmente inteligentes, incluindo uma eventual garota e um eventual menino não branco. E esses livros também glorificam a guerra, representada como a matança em nome do "bem".

Os filmes da série *Harry Potter* glorificam o uso da violência para manter controle sobre os outros. Em *Harry Potter e a Câmara Secreta* [2002], a violência, quando usada pelos grupos aceitáveis, é tida como positiva. Os pensamentos sexistas e racistas nos livros de *Harry Potter* raramente são criticados. Tivessem sido escritos por um homem branco da classe dominante, as pensadoras feministas talvez tivessem sido mais ativas em confrontar o imperialismo, o racismo e o sexismo dos livros de Rowling.

Repetidas vezes, ouço pais, especialmente pais antipatriarcais, expressarem preocupação quanto ao conteúdo desses livros, ao mesmo tempo que os aplaudem por fazerem com que mais meninos leiam. É óbvio que as crianças estadunidenses foram bombardeadas com uma ofensiva publicitária que lhes dizia que deviam ler *Harry Potter*. A série ganhou o noticiário nacional sancionado pela mídia de massa. Livros que não reafirmam a masculinidade patriarcal não recebem a aprovação que *Harry Potter* recebeu. E é raro que as crianças tenham a oportunidade de saber que existe qualquer livro que ofereça uma alternativa a visões masculinistas patriarcais. O fenomenal sucesso financeiro de *Harry Potter* significa que os meninos terão à disposição, a partir de então, uma enorme gama de clones literários.

A literatura infantil é tão dirigida à promoção de atitudes patriarcais quanto a televisão. Há pouquíssimos livros com personagens masculinos focados em meninos que enfrentam a norma patriarcal de alguma forma. Como esses livros não existem em abundância, não há como saber que impacto eles poderiam ter em ensinar masculinidades alternativas aos meninos. Ao escrever uma série de livros infantis para meninos, fiquei a princípio impressionada com como era difícil para mim, uma teórica feminista visionária, imaginar novas imagens e textos para eles. Buscar livros para comprar de presente para meu sobrinho foi o que primeiro me alertou para a ausência de literatura progressista para meninos. Em meu primeiro livro infantil com personagens masculinos, *Minha dança tem história*, eu queria celebrar a infância dos meninos sem reinscrever normas patriarcais. Queria escrever um texto que apenas expressasse amor pelos meninos. É um livro voltado para meninos pequenos, que se esforça para honrar o bem-estar pleno dos meninos e expressar amor por eles, independentemente se estão sorrindo, fazendo birra ou apenas sentados sem fazer nada. Os livros que escrevi têm o objetivo de oferecer aos meninos maneiras de lidar com seu eu, com o intuito de estimular neles uma consciência emocional e reafirmá-la.

Para de fato proteger e honrar a vida emocional dos meninos, devemos enfrentar a cultura patriarcal. E até que essa cultura mude, devemos criar as subculturas, os santuários em que meninos aprendam a ser quem são em sua singularidade, sem serem forçados a se conformar a visões masculinas patriarcais. Para amar os meninos de forma correta, devemos valorizar suas vidas interiores o suficiente para construir mundos, tanto particulares quanto públicos, nos quais seu direito à plenitude possa ser celebrado e amparado de maneira consistente, nos quais sua necessidade de amar e ser amados possa ser satisfeita.

04.
acabar com a violência masculina

Todos os dias, neste país, homens são violentos. Essa violência é tida como "natural" pela psicologia do patriarcado, que insiste na existência de uma ligação biológica entre ter um pênis e a vontade de praticar violência. Esse pensamento continua a moldar noções de masculinidade em nossa sociedade, apesar de estar documentado que há culturas no mundo em que os homens não são violentos na vida cotidiana, em que o estupro e o assassinato são acontecimentos raros. Todos os dias, em nosso país, há homens que rejeitam a violência. Esses homens não escrevem livros sobre como conseguem navegar o terreno da masculinidade patriarcal sem sucumbir à tentação da violência. À medida que as mulheres conquistaram o direito de ser homens patriarcais montados de drag, elas têm participado de atos de violência similares aos de seus pares masculinos. Isso serve para nos lembrar que, na verdade, a vontade de usar a violência não está ligada à biologia, e sim a um conjunto de expectativas sobre a natureza do poder em uma cultura de dominação.

Com o passar das décadas, não importa quantos filmes e programas de televisão tenhamos visto em que o herói é o bom moço que usa a violência para vencer os homens maus, muitas pessoas ainda acham que pensadoras feministas exageram ao dizer o quanto os homens são violentos na vida cotidiana. Andrea Dworkin tem ousado nomear, corajosa e consistentemente, a vasta extensão da violência masculina contra as mulheres. Em *Scapegoat* [Bode expiatório], ela escreve:

> Um relatório recente das Nações Unidas diz que "a violência contra as mulheres é a forma mais difundida de violação de direitos humanos". Nos Estados Unidos, o Departamento de Justiça diz que "uma em cada doze mulheres sofrerá perseguição em algum momento da vida". A Associação Médica Americana concluiu que "a agressão sexual e a violência familiar estão devastando o bem-estar físico e emocional dos Estados Unidos"; em 1995, a AMA relatou que "mais de setecentas mil mulheres nos Estados Unidos são agredidas sexualmente a cada ano, ou uma a cada 45 segundos".

Esses fatos dizem respeito somente a agressões físicas e não cobrem o abuso emocional disseminado que se tornou praticamente uma norma aceita em relacionamentos entre homens e mulheres, seja entre marido e esposa, pai e filha, irmão e irmã ou namorada e namorado.

Em *How Can I Get Through to You?*, Terrence Real inclui um capítulo chamado "A Conspiracy of Silence" [Uma conspiração do silêncio], em que enfatiza que não nos é permitido nesta cultura dizer a verdade sobre como realmente são os relacionamentos com homens. Esse silêncio representa nossa cumplicidade cultural coletiva com o patriarcado. Para sermos leais ao patriarcado, aprendemos todas que devemos guardar os segredos dos homens. Real aponta que o segredo fundamental que compartilhamos é o de que ficaremos em silêncio: "Quando as meninas são iniciadas na vida adulta, o que exatamente elas têm a dizer que deve ser silenciado? Qual é a verdade que as mulheres carregam que não pode ser dita? A resposta é simples e assustadora. Meninas, mulheres — e também os meninos pequenos — têm isso em comum. Ninguém pode dizer a verdade sobre os homens". Uma das verdades que não podem ser ditas é a da violência diária praticada por homens de todas as classes e raças em nossa sociedade — a violência do abuso emocional. Em sua inovadora obra *Emotional Abuse* [Abuso emocional], Marti Tamm Loring explica que o abuso emocional é

> um processo contínuo em que um indivíduo sistematicamente diminui e destrói o eu interior do outro. As ideias, sentimentos, percepções e características de personalidade essenciais da vítima são o tempo todo rebaixadas. [...] A característica distintiva mais saliente do abuso emocional é o seu aspecto recorrente. [...] Trata-se [...] do esforço contínuo de rebaixar e controlar, isso constitui o abuso emocional.

É significativo o fato de que o abuso emocional nas famílias não é apenas um componente do vínculo do casal; ele pode determinar o modo como todos se relacionam dentro de casa. Se uma mulher é patriarcal, o abuso emocional pode se apresentar em um lar monoparental sem nenhum homem adulto presente. Em muitos lares patriarcais, o poder reside em meninos adolescentes que são abusivos com a mãe; isso é violência masculina contra as mulheres.

Quando Real quebra o silêncio, as histórias que ele partilha são de sessões de terapia familiar em que os pacientes revelam abertamente o modo como os pais encenam rituais de poder lançando mão de humilhação, distanciamento, ameaças e, se nada mais der certo, violência física. Na minha família de origem, nosso pai com frequência gritava com mamãe numa voz colérica e retumbante: "Vou te matar!". Por anos, tive pesadelos cheios de um pai colérico que às vezes matava a mamãe, às vezes me matava por tentar protegê-la. Na nossa família, papai não estava sistematicamente bravo, mas o abuso físico e emocional intenso que ele praticava naquelas raras ocasiões em que de fato explodia violentamente mantinha todos sob controle, vivendo no limite, com medo. Em geral um homem frio, silencioso e reservado, papai encontrava sua voz quando falava com raiva.

Os dois homens que tive como vínculos relacionais primários na minha vida adulta são quietos e reservados como meu pai e como meu querido avô. À diferença do meu avô, que nunca vi expressar irritação, muito menos raiva, esses dois homens que escolhi como parceiros precisavam ocasionalmente exercer dominação por meio de rituais de poder. Um deles foi fisicamente violento em algumas poucas ocasiões, fato que ele sempre considerou não ter importância, e emocionalmente cruel de forma bastante consistente. Meu segundo parceiro de longa data escolhi em parte por se tratar de um grande defensor do fim da violência contra as mulheres, mas à medida que nosso vínculo se desenvolveu ele começou a ser emocionalmente abusivo de vez em quando. Era como se ele pensasse que eu era poderosa demais, e como se essa percepção o empoderasse para confrontar aquele poder, para ferir e machucar. Fiquei chocada ao ver o passado ser reencenado no presente.

Em inúmeros livros de autoajuda, a ideia de que as mulheres escolhem homens que vão maltratá-las costuma ser apresentada como verdade. Esses livros raramente falam sobre o patriarcado ou sobre dominação masculina. Raramente reconhecem que os relacionamentos não são estáticos, que as pessoas mudam ao longo do tempo, que se ajustam às circunstâncias. Homens que porventura tenham sementes de negatividade e dominação dentro de si junto a características positivas podem ver o que há de negativo brotar em tempos de crise.

Os dois homens que escolhi como parceiros, como todos os homens que amei, foram vítimas de vários graus de negligência emocional e abandono na infância. Eles não amavam suas figuras paternas, nem as conheciam intimamente. Ao crescerem e passarem da mocidade para a vida adulta, apenas aceitaram passivamente a falta de comunicação com o pai. Ambos pensavam que todas as tentativas de reconciliação deveriam vir do pai para o filho. No entanto, à medida que amadureciam e se tornavam adultos, esses dois homens começaram a se comportar de forma indistinta dos pais, cujas ações haviam condenado e odiado. Observando-os ao longo do tempo, percebi que ambos haviam sido rebeldes e antipatriarcais na casa dos vinte anos e no início dos trinta, mas, à medida que adentravam o universo do trabalho, começaram a assumir os modelos patriarcais de homem poderoso e de sucesso. Embora não estivessem morando com os pais quando chegou a hora de se tornar "homem", os primeiros modelos de suas vidas foram inconscientemente reencenados. Eles só conseguiriam ter se protegido dessa repetição íntima se se esforçassem conscientemente para ser diferentes, se fossem infiéis ao modelo do dominador.

Nenhum homem que não escolha ativamente lutar para mudar e confrontar o patriarcado escapa ao seu impacto.

O homem mais passivo, gentil e quieto pode passar à violência se as sementes do pensamento patriarcal estiverem enraizadas em sua psique. Muito do comportamento do tipo "o médico e o monstro" que as mulheres descrevem a respeito de homens que são alternadamente carinhosos e abusivos tem raiz nessa lealdade fundamental ao pensamento patriarcal. A doutrinação dentro dessa mentalidade, que começa na infância, inclui uma iniciação psicológica que requer que meninos aceitem que a disposição para praticar atos violentos os torna homens patriarcais. A distinção pode e deve ser feita entre a disposição de praticar atos violentos e sua efetiva prática. Quando pesquisadores que investigavam o estupro em encontros românticos ou sexuais entrevistaram uma série de universitários e descobriram que muitos desses homens não viam nada de errado em forçar uma mulher a fazer sexo, ficaram espantados. Os resultados pareciam desafiar a ideia anteriormente aceita de que estuprar era um comportamento masculino aberrante. Ainda que seja improvável que os homens que participaram do estudo sejam ou venham a ser estupradores, ficou claro que, diante do que eles consideravam ser a "circunstância apropriada", podiam se ver sendo violentos sexualmente. De maneira inconsciente, eles se comprometiam com o pensamento sexista, que compactua com o estupro, ainda que nunca o pratiquem.

Essa é uma obviedade patriarcal que a maioria das pessoas em nossa sociedade prefere negar. Sempre que pensadoras, sobretudo feministas, falam sobre o problema disseminado da violência masculina, as pessoas ficam ansiosas para se levantar e afirmar que a maioria dos homens não é violenta, e se recusam a reconhecer que inúmeros meninos e homens foram programados desde o berço para acreditar que em algum momento precisarão ser violentos, psicológica ou fisicamente, para provar que são homens. Terrence Real chama essa doutrinação precoce no pensamento patriarcal de "traumatização normal" dos meninos.

> Quando comecei a investigar questões de gênero, pensei que a violência fosse um subproduto da socialização dos meninos. Mas, depois de escutar com mais atenção os homens e suas famílias, passei a acreditar que a violência *é* a socialização dos meninos. É por meio do trauma que "fazemos dos meninos homens": os separamos de suas mães cedo demais, dizem as pesquisas. Apartamos os meninos de sua própria expressividade, de seus sentimentos, da sensibilidade em relação aos outros. A própria expressão "seja homem" significa "se conforme e siga em frente". A desconexão não é um efeito colateral da masculinidade tradicional. A desconexão é a masculinidade.

Essa doutrinação ocorre independentemente de o menino ser criado em um lar com pai e mãe ou liderado por uma mãe solo.

A perpetuação da violência masculina pelo ensino de um modelo dominador de relacionamento chega aos meninos tanto pelas mulheres quanto pelos homens. O patriarcado gera sadismo maternal em mulheres que abraçam essa lógica. Um grande número de mulheres se omite e assiste aos filhos serem brutalizados nas mãos de pais, namorados, irmãos e assim por diante, porque entende que, ao fazê-lo, está sendo leal ao patriarcado. Não surpreende então que, em relações íntimas, a raiva masculina costume ser mais direcionada às mulheres. Para muitos homens, essas relações nitidamente servem de gatilho da raiva e do ódio que sentiam na infância quando a mãe não os protegeu ou, em nome do patriarcado, cortou de forma cruel seus laços emocionais.

Ao contrário do que dizem os mitos populares, mães solo são frequentemente as mais brutais no que diz respeito a coagir os filhos a se conformar aos padrões patriarcais. A mãe solo que insiste que o filho menino "seja homem" não é antipatriarcal; ela está fazendo valer a vontade patriarcal. Pesquisando a infância dos meninos, Olga Silverstein observou:

> Em famílias monoparentais, é comum ver garotos que se tornam o "homenzinho" da mamãe. Com frequência, esses meninos são crianças muito mandonas, que tratam a mãe com condescendência e, na verdade, imitam de modo perturbador um tipo de marido, sendo ora possessivos, ora protetores, ora sedutores.

Seja em lares monoparentais ou biparentais, os meninos aos quais é permitido assumir o papel de "minipatriarca" são, muitas vezes, violentos com a mãe. Eles dão socos e chutam quando não têm os desejos atendidos. Obviamente, como meninos pequenos, não têm força para subjugar a mãe, mas é claro que veem como aceitável o uso da violência para ter suas necessidades satisfeitas. E ainda que as mães de meninos que batem nelas possam considerar que bater é errado, podem ao mesmo tempo pensar que é sua obrigação satisfazer as necessidades de qualquer homem, sobretudo quando ele é coercivo.

Muitos meninos adolescentes têm raiva e desprezo violento pela mãe patriarcal porque entendem que, no mundo fora de casa, o machismo as torna impotentes; ele se zanga por ela ter poder sobre ele em casa. Ele não considera o domínio autocrático que ela tem sobre a casa como um poder legítimo. Como consequência, pode ser que se enfureça com a mãe por ela usar táticas de terrorismo psicológico para moldá-lo, mas responda com admiração ao colega ou figura de autoridade masculina que lance mão de táticas similares. Na cultura patriarcal, os meninos aprendem cedo que a autoridade da mãe é limitada, que seu poder deriva apenas do fato de ela ser uma cuidadora do patriarcado. Quando a mãe se alia a um homem adulto que maltrata seu filho, ela (ou, mais tarde, uma substituta simbólica da mãe) vira o alvo da violência.

Anos atrás, o programa de TV *O Incrível Hulk*, protagonizado por um cientista pacato que se transformava em um furioso monstro verde sempre que sentia emoções intensas, era o favorito de muitos meninos. Um sociólogo fez entrevistas com garotos para entender sua paixão pelo programa e lhes perguntou o que fariam se tivessem o poder do Hulk. Eles responderam que "arrebentariam a mamãe". Em sua obra revolucionária, *The Mermaid and the Minotaur* [A sereia e o minotauro], a teórica feminista Dorothy Dinnerstein enfatizou o quanto meninos respondem com raiva ao poder autocrático da mãe. Como muitas pesquisadoras feministas de hoje, ela insistiu que o engajamento dos homens no cuidado parental era necessário para quebrar essa projeção da mãe como uma figura todo-poderosa contra quem é preciso se rebelar — e, em alguns casos, que é preciso destruir.

É evidente que mães patriarcais que sentem raiva de homens adultos descontam nos filhos. Elas podem tanto obrigar o filho a entrar em uma relação inadequada, em que cabe a ele prover o vínculo emocional que homens adultos lhe negam, quanto praticar abuso emocional, o tempo todo diminuindo e humilhando o filho. Esses atos de violência patriarcal acabam reforçando, na mente dos meninos, que a violência dirigida às mulheres é apropriada: parece simplesmente uma vingança justificável. A idealização feminista da maternidade tornou extremamente difícil chamar atenção para o sadismo materno, para a violência que mulheres praticam com as crianças, sobretudo com meninos. E, ainda assim, sabemos que, sendo consequência de dinâmicas de poder da cultura de dominação ou apenas um reflexo de sua raiva, algumas mulheres são espantosamente violentas com as crianças. Esse fato deveria levar todos a questionar qualquer teoria sobre diferenças de gênero que sugira que as mulheres são menos violentas que os homens.

Na cultura patriarcal, as mulheres são tão violentas quanto os homens em relação aos grupos sobre os quais têm poder e podem dominar livremente; em geral, esse grupo é o das crianças ou das mulheres mais fracas. Como no caso dos homens, grande parte da violência das mulheres contra as crianças toma a forma de abuso emocional, sobretudo abuso verbal e humilhação — portanto, é difícil de ser documentado. Todavia, se quisermos compreender as raízes da violência dos homens adultos contra as mulheres, o sadismo materno precisa ser estudado. De certo modo, as pensadoras feministas reformistas que consideraram a mulher como o sexo mais gentil, afetuoso e ético dificultaram um estudo aprofundado do sadismo materno, das formas como as mulheres na sociedade patriarcal agem de modo violento com os meninos.

Em nossa casa, durante a minha infância, nossa mãe acreditava sinceramente que era papel do homem ser um disciplinador, ficar no controle. Isso era evidente. Quando nosso pai usava violência excessiva, ela via essa atitude apenas como um direito dele. Muitas mulheres que acreditam que dominar é direito do homem pensam que não devem resistir à violência masculina contra si mesmas ou seus filhos. Não surpreende que essas mulheres, inclusive minha mãe, usem de toda forma de violência para disciplinar as crianças. Com medo de ser objeto da fúria de um homem adulto, elas podem desejar que os filhos sejam perfeitamente comportados, para não despertarem a ira do pai.

Em conversas com homens cuja mãe ficava passiva enquanto o filho era vitimizado pelo pai ou outro cuidador do sexo masculino, constatei que eles eram muito mais propensos a idealizar a mãe, vendo-a como uma vítima sem escolha. Embora não dirigissem raiva à mãe e fossem geralmente incapazes até de considerar que ela poderia ter agido para proteger seus direitos, esses mesmos homens eram violentos em seus relacionamentos íntimos com mulheres. Tal comportamento corrobora a percepção de Terrence Real de que "a coreografia do patriarcado, essa terrível fusão de amor, perda e violência, não poupa ninguém". As mães que se aliam ao patriarcado não podem amar os filhos adequadamente, pois sempre chegará um momento em que o patriarcado demandará que os sacrifiquem. Em geral, esse momento vem na adolescência, quando muitas mães dedicadas e afetuosas param de oferecer cuidado emocional aos filhos, temendo que isso os emascule. Incapazes de lidar com a perda do vínculo emocional, os meninos internalizam a dor e a mascaram com indiferença ou raiva.

Geralmente, os homens adultos que não conseguem criar vínculos emocionais com as mulheres com quem escolhem ter intimidade ficam parados no tempo, incapazes de se permitir amar, por medo de que a pessoa que amam os abandone. Se a primeira mulher que amaram apaixonadamente, a mãe, não foi leal ao seu vínculo de amor, como podem confiar que suas parceiras serão leais no amor? Com frequência, em seus relacionamentos adultos, esses homens se portam mal repetidas vezes para testar o amor das parceiras. Enquanto o adolescente rejeitado imagina que não pode mais receber o amor da mãe por não ser merecedor, quando homem adulto ele pode vir a se portar de maneiras reprováveis e ainda assim exigir da mulher em sua vida que lhe ofereça amor incondicional. Esses testes não curam as feridas do passado, apenas as reencenam, pois ao fim a mulher se cansa de ser testada e termina o relacionamento, reencenando assim o abandono. Esse drama confirma para muitos homens a ideia de que não podem confiar no amor. Eles decidem que é melhor depositar sua fé no poder e na dominação. Em *Man Enough*, Frank Pittman diz, a respeito dos homens, que, "enquanto a maioria de nós quer ser amada, os controladores estão dispostos a deixar o amor de lado se isso for necessário para se tornar o chefe". Ser o chefe não exige de nenhum homem que ele seja emocionalmente saudável, capaz de dar e receber amor.

Desde que comecei a escrever sobre o amor, defino-o de uma forma que mescla a noção de amor de M. Scott Peck, como a vontade de nutrir o crescimento espiritual e emocional de si e de outra pessoa, com a visão de Erich Fromm de que amor é ação, não apenas sentimento. Ao trabalhar com homens que querem conhecer o amor, meu conselho tem sido pensar no amor como uma combinação de cuidado, compromisso, conhecimento, responsabilidade, respeito e confiança.

A maioria de nossos relacionamentos tem um ou dois desses aspectos. Aos homens patriarcais é ensinada a arte de ser responsáveis e de fornecer cuidado prático. Quando adolescente, sempre que eu reclamava para mamãe sobre o abuso e a negligência emocional do papai, e sobre a violência esporádica dele, ela logo me lembrava de que ele trabalhava duro para prover para a família, que estava em casa quase todas as noites e que apenas por essa razão já deveríamos respeitá-lo e prestigiá-lo. O fato de que alguns homens costumam agir com uma mistura de afeto e violência faz com que seja difícil para todo mundo em nossa cultura encarar o quanto a violência masculina impede os homens de dar e receber amor.

O primeiro ato de violência que o patriarcado exige dos homens não é a violência contra as mulheres, mas sim que todos os homens participem de atos de automutilação psíquica, que destruam as partes emocionais que carregam em si. Se um indivíduo não tem êxito em se mutilar emocionalmente, pode contar com homens patriarcais para encenar rituais de poder que ataquem sua autoestima. O movimento feminista ofereceu a homens e mulheres as informações necessárias para enfrentar esse massacre psíquico, porém esse enfrentamento nunca se tornou um aspecto difundido da luta por igualdade de gênero. As mulheres exigiam que os homens oferecessem mais no campo emocional, mas a maioria dos homens de fato não entendia o que estava sendo exigido deles. Tendo extirpado as partes de si capazes de elaborar uma ampla gama de respostas emocionais, eles estavam desconectados. Simplesmente não podiam oferecer mais no plano emocional, ou mesmo entender o problema sem antes se reconectar, sem reunir as partes decepadas.

Ao descrever dois parceiros durante uma terapia de casal, Real relembra as qualidades que a esposa queria que o marido apresentasse: "Sensibilidade em relação aos outros, capacidade de identificar e compartilhar seus sentimentos, disposição de deixar suas necessidades de lado em nome da família". Essas são as mesmas qualidades, Real aponta, que "a maioria dos meninos, mesmo nesses tempos de boa informação, suprimiu de si". E conclui: "Em nossa cultura, os meninos e os homens não são, nem nunca foram, criados para ter intimidade". As mulheres que buscam intimidade com homens geralmente veem suas expressões de desejo menosprezadas. Muitos homens respondem ao desejo das mulheres de conexão emocional com afastamento emocional e, nos piores casos, com abuso.

Automutilados no âmbito emocional, desconectados, muitos homens fazem propostas de vínculo emocional apenas para mais tarde frustrá-las por meio do abuso emocional. Eles simplesmente não entendem que amor e abuso não podem andar juntos. E por que entenderiam, quando programas de televisão, filmes e outras expressões da cultura popular passam a mensagem de que, a qualquer momento em que haja paixão intensa entre um casal, a violência pode irromper? Ensinar os homens a entender que mulheres e crianças não se sentem amadas enquanto são submetidas a abusos é um dos objetivos principais de grupos que trabalham para acabar com a violência masculina. No ensaio autobiográfico "A Good Man Is Hard to Bash" [Homens bons são difíceis de abater], Kay Leigh Hagan começa com a história de como se relacionou com um homem que ela percebeu ser abusivo e potencialmente capaz de violência física. Ela chama o melhor amigo dele para se aconselhar sobre até que ponto ela deveria suportar o abuso, dizendo: "Se estou comprometida com ele, e se quero que o relacionamento dê certo, que dure, haverá altos e baixos. Não acho que eu deveria fugir quando as coisas ficam difíceis. Deveria estar disposta a tolerar um pouco de maus-tratos se realmente o amo". O amigo olha direto nos olhos dela e diz: "Kay, numa relação amorosa, maus-tratos são inaceitáveis. Você não deve ter de tolerar nenhum abuso para ser amada".

Com a honestidade radical e a coragem características, Hagan compartilha que sua "compreensão do amor e do poder mudaram para sempre naquele momento". Ela havia imaginado que o amigo do namorado tomaria o partido dele: "Em vez disso, sua reação me encorajou a amar a mim mesma, a me responsabilizar por meu próprio bem-estar e a rejeitar a violência, mesmo em suas formas mais sutis". Hagan teve sorte de ouvir esse sábio conselho cedo na vida. O destino da maioria das mulheres é dramaticamente diferente, sobretudo daquelas que veneram o trono do patriarcado. Essas mulheres acreditam, como Hagan no início, que escolher estar com um homem patriarcal é automaticamente consentir com algum grau de abuso, ainda que relativo. Todos os dias, mulheres tentam desculpar a violência e a crueldade masculinas insistindo em diferenças de gênero que normalizam o abuso. Mulheres heterossexuais solteiras que querem um parceiro acreditam não ter como escapar de serem vitimizadas em algum momento, por abuso físico ou emocional, nas mãos de um parceiro. A aceitação feminina coletiva da violência masculina em relacionamentos amorosos, ainda que a aparência de aceitação esconda raiva, medo ou completo terror, torna difícil enfrentar e acabar com a violência masculina.

Quando o aparentemente pacato professor com quem eu vivia passou do abuso emocional para a violência física, eu achei que devia ser compreensiva, leniente. Como eu, ele havia sido criado em uma família disfuncional. Ainda assim, apesar de ter feito terapia, apesar de a violência física ter cessado, ele nunca acreditou realmente que tivesse feito alguma coisa de errado. Assim como muitos homens que agem de modo violento, ele nutria a ideia de que eu havia sido responsável por seu mau comportamento. No trabalho de Donald Dutton com homens violentos, ele identifica como um catalisador dessa violência o fato de a mulher enxergar o que há por trás da máscara do homem:

> Ele pode pedir desculpas e sentir vergonha logo depois, mas não consegue sustentar essa emoção; é dolorosa demais, lembra feridas há muito enterradas. Então ele a culpa. Se isso se repete com mais de uma mulher, ele passa de pôr a culpa nela para pôr a culpa "nelas". As falhas pessoais dele são racionalizadas por meio de uma misoginia crescente. [...] Nesse ponto, ser abusivo está incrustado no sistema. O homem se encontra programado para a violência íntima.

Em geral, homens que durante a infância foram negligenciados e maltratados emocionalmente por mães dominadoras desenvolvem laços com mulheres assertivas apenas para ver seu sentimento de ser sufocado quando criança voltar à tona. Como não podiam "arrebentar a mamãe" e ainda assim receber seu amor, descobrem que podem praticar violência íntima com parceiras que respondem ao seu comportamento reprovável se esforçando ainda mais para se conectar emocionalmente a eles, na esperança de que o amor oferecido no presente cure as feridas do passado. Se apenas uma das partes em um relacionamento se empenha em gerar amor, em criar espaço de conexão emocional, o modelo de dominação continua intacto, e o relacionamento se torna apenas terreno para uma contínua disputa de poder.

Mulheres que permanecem em relacionamentos duradouros com homens emocionalmente abusivos ou violentos costumam acabar fechando a porta do coração. Elas param de se empenhar para criar amor. Em geral, ficam nesses relacionamentos porque um cinismo fundamental, baseado em suas experiências, afirma que a maioria dos homens é emocionalmente negligente, de modo que elas não acreditam que podem encontrar um relacionamento amoroso com algum deles. Quando eu quis deixar meu primeiro parceiro de longa data, que havia sido continuamente abusivo no âmbito emocional, e às vezes abusivo fisicamente, foram outras mulheres (minha mãe, amigas próximas, conhecidas) que me advertiram sobre pensar bem antes de terminar o relacionamento, apontando que o homem com quem eu estava era melhor que a maioria, que eu tinha sorte. Deixá-lo foi um gesto de amor-próprio e autoconfiança do qual jamais me arrependi. No entanto, descobri que as observações das mulheres que me advertiram sobre como era a maioria dos homens foram bem certeiras.

O homem com que eu havia tido um relacionamento por quase quinze anos apresentava uma mistura de masculinidade patriarcal e masculinidade alternativa. Nós nos conhecemos durante o auge do movimento feminista, e ele estava disposto a trabalhar em prol da criação da igualdade de gênero. Assim como para muitos homens hoje em dia, era bem mais fácil para ele aceitar salários iguais para trabalhos iguais, compartilhamento das tarefas domésticas e direitos reprodutivos do que aceitar a necessidade de desenvolvimento emocional compartilhado. É mais difícil para os homens fazer o trabalho do desenvolvimento emocional porque isso exige consciência emocional do indivíduo — exige sentir. O patriarcado recompensa os homens por se manterem distantes de seus sentimentos. Estejam eles engajados em atos de violência contra mulheres, crianças ou homens mais fracos, ou na violência socialmente sancionada da guerra, os homens conseguem satisfazer melhor as demandas do patriarcado se não perceberem seus sentimentos. Os homens que sentem costumam se ver isolados dos outros homens. Esse medo do isolamento em geral funciona como o mecanismo que impede os homens de se tornarem mais emocionalmente conscientes.

Quando um grande número de jovens se rebelou contra o patriarcado para se opor à Guerra do Vietnã, muitos deles se importavam com justiça, outros tantos não queriam matar, mas uma grande parte simplesmente não queria morrer. Opor-se à guerra e ao imperialismo que promove a guerra punha esses jovens em desacordo com o patriarcado supremacista branco capitalista imperialista. Eles sofreram por escolher tomar uma posição. Foram ridicularizados por outros homens, pintados como traidores na maioria das vezes. Na virada do século, a mídia de massa produziu uma série de filmes que glorificam a guerra voltados aos meninos (*O Resgate do Soldado Ryan* [1998], *Independence Day* [1996], *MIB — Homens de Preto* [1997], *Falcão Negro em Perigo* [2001], *Pearl Harbor* [2001], para citar alguns) que mais uma vez faz parecer heroico morrer sozinho, longe de casa, lutando por uma causa que você pode ou não entender. Esses filmes fazem parte da reação patriarcal antifeminista. Eles glorificam a mesma masculinidade patriarcal criticada por mulheres e homens esclarecidos. Servem como propaganda, recrutando o coração e a imaginação dos meninos. Como o rap *gangsta*, celebram a violência masculina em todas as frentes, incluindo a dominação da mulher.

A grande mídia conservadora oferece lições diárias de pedagogia patriarcal, dizendo aos meninos o que devem fazer para ser homens. Naqueles lares em que pais e mães esclarecidos trabalham diariamente para repudiar a violência, a televisão reafirma a sua importância, tornando o flerte com a morte glamoroso e atraente. Meninos e homens adultos pobres da classe trabalhadora costumam encarnar as piores variedades de masculinidade patriarcal, agindo com violência porque é a forma mais fácil e barata de declarar a própria "hombridade". Se você não pode provar ser "homem o bastante" se tornando presidente, ficando rico, virando um líder público ou sendo chefe, então a violência é a sua entrada no campeonato de virilidade do patriarcado, e sua capacidade de praticar violência equilibra o jogo. Nesse campo — o campo da violência — qualquer homem pode vencer.

Os homens que vencem nos termos do patriarcado acabam perdendo em termos de substantiva qualidade de vida. Eles optam pela masculinidade patriarcal em detrimento de conexões amorosas, primeiro deixando de lado o amor-próprio e, em seguida, o amor que poderiam dar e receber e que os conectaria aos outros. Pesquisadoras feministas têm, há tempos, exposto a violência doméstica difundida em nossa sociedade. Contudo, a violência contra as mulheres não diminuiu e, em alguns casos, se intensificou. Comentaristas antifeministas tentam pôr a culpa pelo crescimento da violência masculina na maior igualdade das mulheres. Porém, a maioria dos estudos sobre a vida familiar indica que, nessa esfera, as relações de gênero não passaram por nenhuma grande revolução. A socióloga Arlie Hochschild disponibilizou dados importantes que mostram que as dinâmicas domésticas de gênero entre homens e mulheres seguem bastante sexistas. As mulheres trabalham fora de casa, mas continuam a fazer a maior parte do trabalho doméstico. É óbvio que os homens que eram misóginos enrustidos antes do movimento feminista se sentiram mais autorizados a liberar sua raiva abertamente à medida que o movimento ganhou força, mas a raiva já estava presente.

A violência masculina se intensificou de modo geral não porque as conquistas feministas ofereceram maior liberdade às mulheres, mas porque os homens que endossam o patriarcado descobriram, no meio do caminho, que a promessa patriarcal de poder e domínio não pode ser cumprida facilmente, e naqueles raros casos em que é satisfeita os homens se veem emocionalmente destituídos. A masculinidade patriarcal, que se supunha satisfatória, não o é. E, no momento em que a consciência disso emerge, os homens patriarcais, em sua maioria, encontram-se isolados e alienados; não conseguem retroceder e recuperar uma felicidade ou alegria passadas, nem podem seguir adiante. Para seguir adiante, precisariam repudiar o pensamento patriarcal em que sua identidade foi baseada. A raiva é o caminho fácil de retorno a um universo de sentimentos. Ela pode servir como o disfarce perfeito, mascarando sentimentos de medo e fracasso.

Meu pai e minha mãe estão casados há mais de cinquenta anos. Papai nunca abdicou de seu status patriarcal, e ela nunca o desafiou. Porém, ao se prenderem ao pensamento patriarcal, eles abriram mão da chance de ser felizes juntos. A ameaça de violência, de abuso emocional, está sempre lá, barrando o caminho da intimidade, impedindo-os de perdoar um ao outro e começar de novo. Eles estão presos na armadilha do patriarcado, que continua sendo um terreno fértil para a violência cotidiana, o sutil terrorismo íntimo que intensifica o ressentimento e bloqueia a possibilidade de conhecer a felicidade.

Não é fácil para os homens — jovens ou velhos — rejeitar os códigos da masculinidade patriarcal. Quando um homem se opõe à violência, ele simultaneamente se opõe ao patriarcado — mesmo que não saiba articular conscientemente essa escolha. Em seu perspicaz ensaio "Gender Politics of Men" [A política de gênero dos homens], R. W. Connell chama atenção para o fato de que os homens que contrariam o patriarcado se colocam em desacordo com o mundo em que vivem:

> Os homens que tentam desenvolver uma política de apoio ao feminismo, sejam gays ou heterossexuais, não se colocam numa posição fácil. É provável que se deparem com o escárnio de muitos outros homens, e de algumas mulheres. É quase um clichê jornalístico que as mulheres rejeitem os caras *New Age* sensíveis. Eles não recebem necessariamente um apoio entusiasmado das mulheres feministas.

No fim das contas, os homens que escolhem ir contra a violência, contra a morte, o fazem porque querem viver bem e plenamente, porque querem conhecer o amor. Esses homens são verdadeiros heróis, são homens cujas vidas devemos conhecer, prestigiar e lembrar.

05.
o ser sexual masculino

A maioria dos homens e das mulheres não faz sexo satisfatório e gratificante. Todos já ouvimos que os homens entram em relacionamentos em busca de sexo, não de amor, e que as mulheres entram em relacionamentos em busca de amor, não de sexo. Na realidade, muitos homens buscam sexo esperando que ele vá prover toda a satisfação emocional que viria do amor. A maioria dos homens pensa que o sexo lhes proporcionará uma sensação de estar vivo, conectado, que o sexo trará proximidade, intimidade, prazer. E, em geral, o sexo simplesmente não oferece nada disso. Esse fato não leva os homens a abandonar a obsessão pelo sexo; pelo contrário, intensifica a luxúria e o desejo.

Se por meio de uma socialização sexista às mulheres nos é ensinado que uma jornada pelo difícil terreno do sexo nos levará a nossos desejos mais íntimos, aos homens ensinam que seus desejos íntimos devem ser alcançados por meio de sexo e mais sexo. Na esteira da liberação sexual, a liberação das mulheres parecia prometer aos homens heterossexuais e bissexuais que as mulheres passariam a pensar como os homens sobre a sexualidade, que a sexualidade feminina se tornaria tão predatória, tão obsessiva quanto o desejo sexual masculino. Para muitos homens, essa era a promessa do paraíso. Finalmente eles poderiam seguir seu apetite sexual sem ter de se preocupar com compromissos. A lógica sexista os havia convencido — e ainda os convence — de que podem obter conexão e intimidade sem comprometimento, que seus desejos podiam ser e seriam satisfeitos sob demanda, a qualquer momento, em qualquer lugar.

Em nossa cultura, essas atitudes em relação à sexualidade foram abraçadas pela maioria dos homens e por muitas mulheres pós-feministas, pós-liberação sexual. Elas estão na raiz da nossa obsessão cultural pelo sexo. Quando comecei a escrever livros sobre amor, a falar com as pessoas e depois com grandes públicos sobre o assunto, percebi que era praticamente impossível ter um debate sério — que debates sobre amor, sobretudo em conversas públicas, eram tabu em nossa sociedade. Porém, todo mundo fala sobre sexo. Vemos toda forma de cena sexual nas telas do cinema e da televisão. Falar sobre sexo é aceitável. Programas de auditório engajam o público todos os dias com discussões explícitas sobre sexualidade. É fundamentalmente mais fácil se envolver em discussões sobre sexo porque, na cultura patriarcal, o sexo nos é apresentado como um desejo "natural". A maioria das pessoas acredita que somos biologicamente programados para ansiar por sexo, mas não supõe que somos programados para ansiar por amor. Quase todo mundo acredita que podemos fazer sexo sem amor; a maioria das pessoas não acredita que um casal pode ter amor em um relacionamento se não há sexo.

O movimento feminista conseguiu enfrentar e modificar noções de desigualdade das mulheres em muitas frentes, sobretudo em áreas como trabalho, educação e religião. No entanto, o machismo continua a moldar o modo como a maioria das pessoas pensa a respeito das relações sexuais.

Não importa quantos homens em nosso país sejam celibatários ou tenham apenas experiências sexuais ocasionais; as pessoas ainda pensam que sexo é algo que os homens têm de fazer. Por trás desse pressuposto está a crença de que se os homens não forem sexualmente ativos vão explodir ou enlouquecer. É por isso que a violência sexual entre homens é aceita nas prisões do país. É por isso que o estupro — seja em encontros amorosos, no casamento ou praticado por estranhos — ainda não é considerado um crime sério. É por isso que o estupro de crianças, em especial quando praticado por homens pacatos e de bem, é tolerado. Se não fosse assim, celebridades acusadas de abusar sexualmente de crianças não seriam mais tidas como ícones culturais. O pressuposto de que os "homens pensam com a cabeça de baixo" está em grande medida por trás da nossa cultura de aceitação da violência sexual masculina. É o motivo de muita gente continuar acreditando que uma pessoa que foi estuprada pode ter "pedido" por isso, por meio de um comportamento ou vestimenta "sedutores", não importando o quanto muitos programas de televisão já tenham noticiado sobre os fatos da violência sexual.

As crianças, hoje, aprendem mais sobre sexo na grande mídia do que em qualquer outra fonte. Ao ver novelas, canais pornô ou filmes para maiores de dezoito anos, as crianças do nosso país estão mais do que nunca cientes do corpo e da sexualidade. No entanto, muito do que aprendem sobre sexualidade corresponde a roteiros patriarcais antiquados sobre a natureza sexual dos homens e das mulheres, do masculino e do feminino. Elas aprendem que no mundo das relações sexuais há sempre uma parte dominante e uma parte submissa. Aprendem que os homens devem dominar as mulheres, que os homens fortes devem dominar os homens mais fracos. Aprendem que, seja homo ou heterossexual, um homem desprovido de acesso ao sexo acabará sendo sexual com qualquer corpo. Se for privado de sexo por tempo suficiente, ainda que seja hétero, ele transará com outro homem; se for gay, a privação o levará a praticar atos sexuais desesperados com mulheres. Repetidamente, crianças ouvem a mensagem da grande mídia de que, no que diz respeito ao sexo, "eles pensam com a cabeça de baixo". Com base na própria experiência, os adultos podem ser mais desconfiados diante desse tipo de conteúdo, mas as crianças acreditam piamente no que veem. Elas pensam que os homens enlouquecem se não puderem agir sexualmente. Essa é a lógica que produz o que pensadoras feministas chamam de "cultura do estupro".

Homens, sejam gays ou heterossexuais, aprendem cedo na vida que uma das principais recompensas que lhes é oferecida em troca da obediência ao pensamento e à prática patriarcais é o direito de dominar sexualmente as mulheres. E, se nenhuma mulher estiver por perto, eles têm o direito de pôr um homem mais fraco na posição de "mulher". Na antologia *Victims No Longer: Men Recovering from Incest and Other Sexual Child Abuse* [Vítimas nunca mais: homens se recuperando de incestos e outras formas de abuso sexual infantil], homens que foram vitimados por garotos mais fortes, irmãos mais velhos ou outros pares do sexo masculino compartilham como a lógica do pensamento patriarcal sobre o direito dos mais fortes de fazer o que desejam com aqueles que consideram mais fracos lhes foi apresentada por seus abusadores. Essa mesma lógica tem moldado, de modo geral, o pensamento sobre sexualidade aceito por adultos abusadores. Ed escreve sobre o abuso sexual que sofria, praticado pelo irmão mais velho: "Aprendi sobre sexo quando tinha nove anos. Eu estava chupando aos dez. Enquanto outros garotos estavam lá fora brincando de arminha, eu estava aprendendo a 'satisfazer' um homem. Eu era ensinado a ser uma 'mulher'. Meu irmão gostava de encenar fantasias em que ele era o 'homem' e eu era a 'mulher'". Esse irmão mais velho se casou e levou consigo, para dentro do casamento, a noção de que era seu direito fazer sexo com quem desejasse, as pessoas quisessem ou não. Seu desejo de dominar era o traço mais saliente em todas as suas relações sexuais.

Numa cultura de dominação, disputas por poder são encenadas diariamente nas relações humanas, assumindo com frequência suas piores formas em situações de intimidade. O homem patriarcal que jamais responderia às demandas de seu chefe com agressão e raiva explícita reage com fúria quando pessoas íntimas querem que ele mude seu comportamento. Homens que não mentem nem traem todos os dias em seus empregos o fazem em seus laços íntimos. Essa mentira está geralmente ligada a comportamentos sexuais inapropriados ou a desconfortos sobre o comportamento sexual. Em seu poderoso ensaio "Who He Was" [Quem era ele], Eric Gutierrez reconta como mentia para acobertar o fato de que seu pai era gay:

> Mais ou menos na mesma época em que comecei a mentir sobre meu pai, comecei a mentir sobre mim mesmo. Eu não produzia minhas mentiras indiscriminadamente. [...] Em vez de inventar detalhes reconfortantes, que retratassem meu pai gay e espalhafatoso mais como os pais trabalhadores e que cortavam a grama ao longo da nossa rua, eu embelezava sim suas falhas, suas fraquezas, suas raivas, ao ponto da perversidade. [...] Eu fascinava

> meus colegas com histórias de como meu pai nos amarrava ou atirava taças de cristal na minha mãe apavorada. [...] Eu era um ótimo mentiroso, criando identidades falsas para meu pai e para mim mesmo, exagerando a verdade em sua própria trajetória.

Mentir sobre a sexualidade é um aspecto aceito da masculinidade patriarcal. É no sexo que muitos homens se soltam, porque é o único campo social em que a promessa patriarcal do domínio pode ser facilmente realizada. Sem esses privilégios, multidões de homens poderiam ter se rebelado há muito tempo contra o patriarcado.

Os meninos aprendem cedo na vida que a sexualidade é o terreno decisivo em que sua masculinidade patriarcal será testada. Eles aprendem cedo que o desejo sexual não deve ser expresso livremente e que as mulheres tentarão controlar a sexualidade masculina. Para os meninos, essa questão do controle começa com a reação da mãe ao seu pênis; em geral ela não gosta e não sabe o que fazer com ele. O desconforto dela com o seu pênis comunica que há alguma coisa de inerentemente errado com ele. Ela não comunica ao menino que seu pênis é admirável, especial, maravilhoso. Esse mesmo medo do pênis do menino costuma ser expresso por pais que apenas não se preocupam em educar os meninos sobre o corpo. Infelizmente, abordagens desinformadas do abuso infantil levam muitos pais a temer a celebração do corpo dos filhos — em especial do corpo dos meninos, que pode responder à proximidade física recreativa com uma ereção. Na cultura patriarcal, todo mundo é encorajado a ver o pênis, mesmo o pênis de um menino pequeno, como uma arma em potencial. Essa é a psicologia da cultura do estupro. Os meninos aprendem que devem se identificar com o pênis e com as potenciais ereções prazerosas que ele trará, enquanto, ao mesmo tempo, aprendem a ter medo do pênis, como se ele fosse uma arma cujo tiro pudesse sair pela culatra, deixando-o impotente, destruindo-o. Assim, a mensagem subjacente que é transmitida aos meninos sobre atos sexuais é a de que serão destruídos se não estiverem no controle, exercendo poder.

A socialização sexual adolescente é o momento vulnerável da vida de um garoto em que se exige que ele identifique sua personalidade e sua sexualidade com a masculinidade patriarcal; é o ponto de encontro da teoria e da prática. Durante esses anos formativos, em que o desejo sexual do menino costuma ser intenso, ele aprende que a cultura patriarcal espera dele um cultivo secreto desse desejo e da vontade de satisfazê-lo, enquanto pratica atos ostensivos de repressão sexual. Essa cisão é parte da iniciação na masculinidade patriarcal; é um rito de passagem. O menino aprende também que as mulheres são o inimigo quando o tema é a satisfação do desejo sexual. Elas são o grupo que vai impor ao menino a necessidade de reprimir seus anseios sexuais. No entanto, para provar sua virilidade, ele deve ousar transpor a repressão e consumar atos sexuais.

A repressão sexual alimenta o desejo de meninos e homens. Ao lançar luz sobre o impacto negativo dessa socialização no ensaio "Fuel for Fantasy: The Ideological Construction of Male Lust" [Combustível para a fantasia: a construção ideológica do apetite sexual masculino], Michael S. Kimmel demonstra que a repressão sexual constrói um mundo em que os homens devem se envolver constantemente em fantasias sexuais, erotizando o não sexual. Ao explorar a relação entre repressão sexual e machismo, ele explica:

> O prazer sexual raras vezes é o objetivo em um encontro sexual; algo muito mais importante que o mero prazer está em jogo: o sentido que temos de nós mesmos enquanto homens. O sentimento de escassez sexual dos homens e uma necessidade quase compulsiva de sexo, para confirmar sua virilidade, alimentam um ao outro, criando um ciclo de privação sexual e desespero que se autoperpetua. E isso deixa os homens furiosos com as mulheres por fazerem o que ensinam as mulheres a fazer em nossa sociedade: dizer não.

Desespero e raiva são os sentimentos que os homens trazem para o sexo, seja com mulheres, seja com outros homens.

Incentivados a se relacionar com o sexo de forma obsessiva pelo pensamento patriarcal, que diz que "homem pensa com a cabeça de baixo", os homens precisam então se ajustar a um mundo onde raramente podem obtê-lo, ou nunca o obtêm com a frequência que gostariam, ou podem obtê-lo apenas coagindo ou manipulando alguém que não está a fim, em geral uma mulher. Em *O coração da alma*, Gary Zukav e Linda Francis descrevem as características de indivíduos obcecados por sexo: "Eles não conseguem ter um descanso de pensamentos sexuais. Pulam de um encontro para o outro. Cada experiência sexual traz apenas um alívio temporário de sua ânsia, e ela logo volta. Nenhuma quantidade de atividade sexual pode satisfazê-la". Eles explicam que "a ânsia sexual não é por sexo, mas por alguma coisa mais profunda". O fato de que a ânsia sempre retorna é a pista de que a dependência sexual não diz respeito apenas à obtenção de sexo. Para o homem patriarcal — hétero ou gay —, a dependência sexual diz respeito fundamentalmente à necessidade de afirmar e reafirmar o tempo todo a própria individualidade. Se é somente pelo sexo que ele pode experimentar a individualidade, então o sexo deve ser priorizado constantemente. Zukav e Francis explicam: "Quanto mais intensa se torna a dor do medo, do desprestígio e do desamor, mais obsessiva se torna a necessidade de ter uma interação sexual".

O sexo, então, se transforma para a maioria dos homens em uma forma de autoconsolo. Não se trata de se conectar a outra pessoa, mas de liberar a própria dor. O viciado em sexo geralmente é um indivíduo em dor intensa. Homens patriarcais não têm canais para expressar sua dor emocional, então eles buscam um escape. Zukav e Francis ressaltam que o viciado em sexo teme ser inadequado e teme a rejeição: "Quanto mais fortes são essas emoções, quando não há disposição de senti-las, mais forte se torna a obsessão por sexo". A obsessão sexual masculina tende a ser vista como normal. Assim, a cultura toda conspira para exigir dos homens que desconsiderem e reneguem seus sentimentos, desviando-os todos para o sexo. Steve Bearman aborda essa questão no ensaio "Why Men Are So Obsessed with Sex" [Por que os homens são tão obcecados por sexo], explicando que, "mesmo que não nos envolvamos compulsivamente em sexo casual anônimo, pornografia, masturbação ou tentativas fetichistas de recuperar o que foi esquecido, o sexo, ainda assim, toma um caráter de vício". Seja hétero ou homossexual, a sexualidade masculina assume esse caráter de vício.

Visto que não é biologicamente possível para um homem — nem praticável, dadas as poucas horas do dia disponíveis para o lazer — participar de interações sexuais o tempo todo, a pornografia patriarcal disponível em uma miríade de formatos se torna o lugar de sublimação, no qual o dependente sexual pode encontrar alívio rápido e temporário. Homens patriarcais podem se valer da pornografia o dia todo em qualquer lugar. Podem ver filmes, folhear revistas, encarar mulheres reais com um olhar pornográfico, despi-las, fodê-las, dominá-las. Kimmel sustenta que o consumo masculino de pornografia é alimentado pela ânsia sexual que ensinam os homens a sentir o tempo todo — e pela raiva de essa ânsia não poder ser satisfeita:

> A pornografia consegue sexualizar essa raiva, e pode fazer o sexo parecer vingança. [...] Em toda parte, homens estão no poder, controlando quase todas as instituições econômicas, políticas e sociais. Ainda assim, os homens não se sentem poderosos individualmente — longe disso. A maioria dos homens se sente impotente e, com frequência, sente raiva das mulheres, que percebem como tendo poder sexual sobre eles: o poder de excitá-los e conceder ou recusar sexo. Isso alimenta tanto fantasias sexuais quanto o desejo de vingança.

Muitos homens sentem raiva das mulheres, mas, de forma mais profunda, elas são o alvo da raiva deslocada deles devido ao fracasso do patriarcado em cumprir sua promessa de satisfação, sobretudo de satisfação sexual ilimitada.

Pode ser que os homens estejam aterrorizados demais para confrontar os fatos da vida e dizer a verdade de que possuir o direito de tomar parte em rituais de dominação e subordinação não é tudo aquilo que o patriarcado prometeu. Como diz Terrence Real, se o patriarcado fosse uma doença, seria uma doença de "desejo transtornado"; para curar essa doença, então, teríamos todos de reconsiderar o modo como vemos os homens e o desejo masculino. Em vez de encarar a violência dos homens como uma expressão de poder, teríamos de chamá-la por seu nome verdadeiro: patologia. A violência patriarcal é uma doença mental. Que essa doença encontre sua expressão mais desordenada na vida sexual dos homens é uma coisa poderosa, pois torna difícil documentá-la, já que não testemunhamos o que os homens fazem sexualmente da mesma forma como testemunhamos o que fazem no trabalho ou na vida pública. Tomar a sexualidade inerentemente positiva dos homens e transformá-la em violência é um crime patriarcal perpetrado contra o corpo masculino, um crime que multidões de homens ainda precisam encontrar força para denunciar. Os homens sabem o que está acontecendo. Eles foram simplesmente ensinados a não dizer a verdade sobre seu corpo e sua sexualidade.

O poderoso e corajoso ensaio "Patriarchal Sex" [Sexo patriarcal], de Robert Jensen, apresenta esse ponto de forma cristalina. Ao definir o sexo patriarcal, ele escreve: "Sexo é foder. Há, no patriarcado, um imperativo de foder — no estupro e no sexo 'normal', com pessoas desconhecidas e namoradas e esposas e ex-esposas e crianças. O que importa no sexo patriarcal é a necessidade do homem de foder. Quando essa necessidade se apresenta, o sexo ocorre". Audaciosamente, Jensen explica:

> É instrutivo prestar atenção ao significado do termo central da gíria masculina para o ato sexual — "foder". Foder uma mulher é fazer sexo com ela. Foder alguém em outro contexto [...] significa injuriar ou enganar uma pessoa. E quando lançado como um simples insulto ("vai se foder"), a intenção é a difamação, e o comentário geralmente é um prelúdio à violência ou à ameaça de violência.

> Sexo no patriarcado é foder. É uma prova do poder do patriarcado o fato de que vivemos num mundo onde as pessoas continuam a usar a mesma palavra para sexo e violência, e logo em seguida se opõem à noção de que o sexo é comumente violento e se dizem indignadas quando o sexo se torna ostensivamente violento.

Pode-se acrescentar que é uma prova suprema do poder do patriarcado o fato de que ele consegue convencer homens e mulheres a fingir que a violência sexual satisfaz.

Grande parte da música popular, do rock ao rap, compartilha essa mensagem. Seja na letra de Iggy Pop, "Tô com meu pau no bolso, bulindo pelas minhas calças. Eu só quero foder, não tem romance",[2] seja na letra do rapper Mystikal, "E quando tiver terminado, acabado de vez, eu vou fumar um baseado e acabar com a buceta de alguma vadia".[3] Obviamente, a verdade da vida dos homens é que a sexualidade patriarcal não tem sido satisfatória. Ela alimenta a necessidade compulsiva de ser mais sexual, mais violento, na esperança de que haja um modo de se satisfazer mais. A pornografia patriarcal, não mais isolada, mas sempre presente na grande mídia popular, se tornou tão difundida porque homens doutrinados pela mentalidade patriarcal não conseguem encontrar coragem para dizer a verdade, para dizer: "Não consigo obter satisfação". A pornografia patriarcal se tornou parte inescapável da vida cotidiana porque a necessidade de criar uma cultura de faz de conta, na qual o desejo sexual masculino

2. Na letra original: "*I got my cock in my pocket and it's shoving up through my pants. I just wanna fuck, this ain't no romance*". [N.T.]
3. Na letra original: "*When it's finished, over and done with, I'm gonna smoke a blount and knock the pussy off some bitch*". [N.T.]

é infinitamente satisfeito, impede que os homens exponham a mentira patriarcal e busquem identidades sexuais saudáveis.

Subculturas gays historicamente articularam com mais honestidade e coragem o desejo sexual compulsivo dos homens. E, contrariando a imaginação popular, em vez de ser antipatriarcal, o sexo predatório homossexual é a encarnação máxima do ideal patriarcal. Jensen observa que,

> gay ou hétero, não importa muito: a questão da resistência ao sexo patriarcal é tão importante quanto, já que homens gays fodem da mesma forma que os homens héteros. Todos recebemos basicamente o mesmo treinamento. [...] Foder é encarado como aquilo que os homens gays fazem; alguns até diriam que, se você não está fodendo, você não é gay.

Na maioria das vezes, homens gays, a não ser que tenham conscientemente decidido o contrário, são tão patriarcais no pensamento sobre masculinidade e sexualidade quanto os heterossexuais. Seu investimento no patriarcado é um desejo intensamente desordenado, pois são apaixonados pela própria ideologia que fomenta e promove a homofobia. Agora que homens hétero patriarcais foram compelidos pela mídia a encarar o fato de que os homens homossexuais não são "minas com picas", que eles podem encarnar e realmente encarnam a masculinidade patriarcal, a dominação sexual dos homens hétero sobre as mulheres biológicas aumentou, por ser realmente o único fator que distingue heterossexuais de gays. Ao mesmo tempo, a homofobia se amplifica entre os homens heterossexuais, porque a sua expressão ostensiva serve para identificar, entre machos aparentemente similares, quem é gay e quem é hétero.

A pornografia patriarcal é um espaço de masculinidade compartilhada para homens hétero e gays. As imagens que homens gays buscam são masculinas, mas de homens posicionados da mesma forma como os corpos masculinos e femininos na pornografia heterossexual. Seja para atender aos homens gays ou aos heterossexuais, a pornografia patriarcal é fundamentalmente uma reencenação da cultura de dominação na esfera sexual.

A "necessidade" masculina de pornografia patriarcal que erotiza a dominação não é nenhuma mostra de poder masculino. Enquanto o ódio às mulheres levar a atos de dominação que ferem, machucam e destroem, não há nenhum poder construtivo aqui. Tragicamente, se as massas de homens acreditarem que sua identidade e sua sexualidade patriarcal são a mesma coisa, eles nunca encontrarão a coragem para criar uma sexualidade libertadora e satisfatória. É essa realidade que leva homens conscientes, numa sociedade patriarcal, a temer o sexo com a mesma intensidade que as mulheres muitas vezes o temem. Como testemunha Jensen:

> Tenho medo do sexo como ele é definido pela cultura dominante, como é praticado ao meu redor e projetado nas páginas das revistas, nos outdoors e nas telas do cinema. Tenho medo do sexo porque tenho medo de dominação, crueldade, violência e morte. Tenho medo do sexo porque o sexo já me machucou e machuca muitas pessoas que conheço, e porque machuquei outras pessoas com o sexo no passado. Sei que há pessoas por aí que já foram machucadas pelo sexo de formas indizíveis, que experimentaram uma dor tão profunda que eu nunca serei capaz de entender completamente. Sei que há pessoas que morreram por causa do sexo. Sim, eu tenho medo do sexo. Como poderia não ter?

Apesar do depoimento corajoso de Jensen e de outros, apesar da crítica radical ao sexo patriarcal, a maioria dos homens não supera a negação para dizer a verdade sobre o sexo. Eles estão engolindo em seco a dor, o desespero, a confusão: estão seguindo as regras patriarcais.

Em vez de mudar, as mulheres e os homens patriarcais têm explorado a lógica da igualdade de gênero na esfera sexual para encorajar mulheres a serem defensoras do sexo patriarcal e a fingirem, assim como seus pares masculinos, que isso é liberdade sexual. Videoclipes e programas de TV como *Sex and the City* — escritos e produzidos por mulheres e homens patriarcais — ensinam às mulheres, especialmente as jovens, que a companheira ideal é a que está disposta a desempenhar um papel dominante ou subordinado, a que é tão desprendida em relação ao sexo quanto qualquer homem patriarcal. Convencer as mulheres a se conformar ainda mais às normas sexuais patriarcais masculinas é uma maneira por meio da qual o patriarcado espera abordar a raiva masculina. Como essa raiva esconde a dor que poderia ser o catalisador de um despertar crítico, ela deve ser mitigada. Não foi apenas a reação antifeminista que levou à normalização da violência sexual pornográfica em nossa grande mídia e na prática sexual corrente; o desejo de impedir os homens de sentirem e nomearem sua dor alimenta a necessidade de lavagem cerebral constante.

O desespero masculino, de início muitas vezes expresso como raiva, é uma ameaça muito maior à ordem sexual patriarcal do que o movimento feminista. Enquanto inúmeros homens continuam a usar o sexo e a pornografia patriarcais para se anestesiar, muitos outros estão cansados do entorpecimento e tentam encontrar uma forma de recuperar a individualidade. Esse processo de recuperação envolve o encontro com uma nova sexualidade. O ataque ao corpo masculino pelas doenças modernas, a libido reduzida e a impotência completa têm levado homens não apenas a questionar o sexo patriarcal mas a encontrar novas formas de vivência sexual que possam ser satisfatórias.

Se homens desinformados sofrem a sua versão do "problema sem nome" no que tange à sexualidade, eles podem aliviar sua dor superando a negação e repudiando o roteiro patriarcal de dominação e submissão. Com percepção aguçada, Bearman lembra aos homens, no ensaio "Why Men Are So Obsessed with Sex", que eles têm uma escolha:

> De modo direto e indireto, a sexualidade nos é oferecida como o único veículo por meio do qual pode ainda ser possível expressar e experimentar aspectos essenciais da nossa humanidade que fomos lenta e sistematicamente condicionados a deixar de fora. O sexo foi e ainda é apresentado como o caminho para a intimidade verdadeira, para a proximidade completa, como a arena em que se pode amar abertamente, ser doce e vulnerável e, ainda assim, permanecer em segurança, não se sentir tão profundamente na solidão. O sexo é o único lugar no qual a sensualidade parece ser permitida, no qual podemos ser gentis com nosso próprio corpo e nos permitir a nossa paixão transbordante. É por isso que os homens são tão obcecados pelo sexo [...]. Porém, de forma alguma o sexo pode satisfazer completamente essas necessidades. Tais necessidades só podem ser satisfeitas pela cura dos efeitos do condicionamento masculino e pela difusão, em todas as áreas de nossa vida, de conexão e vivacidade.

A sexualidade compulsiva, assim como qualquer vício, é difícil de ser combatida, porque ela toma o lugar da cura necessária para que os homens amem o próprio corpo e permitam que esse amor os leve a uma comunidade mais ampla com outros corpos humanos, com o corpo das mulheres e crianças.

Bearman lembra aos homens que, "não importa quanto sexo você faça, não será o suficiente para satisfazer a sua enorme necessidade de amar, de estar próximo, de expressar sua paixão e seu deleite com os sentidos e de sentir as forças vitais correndo por seus músculos e sua pele". Se inúmeros homens pudessem recuperar essa paixão fundamental pelo próprio corpo, esse abandono do sexo patriarcal poderia nos levar rumo a uma verdadeira revolução sexual. Para recuperar o poder e a paixão da sexualidade masculina não adulterada pelo ataque patriarcal, os homens de todas as idades devem poder falar abertamente sobre seus anseios sexuais. Eles devem poder existir como seres sexuais em um espaço onde o pensamento patriarcal não possa mais fazer da violação o único meio de obter prazer. Esse é um trabalho difícil. E até que os homens aprendam a fazê-lo, não poderão se satisfazer sexualmente.

06.
trabalho: o que o amor tem a ver com isso?

Antes do movimento feminista, era mais provável que os garotos aprendessem, em casa e na escola, que encontrariam satisfação no trabalho. Hoje, a mensagem que os garotos ouvem é ligeiramente distinta. Contam a eles que o dinheiro traz satisfação e que o trabalho é uma maneira de obter dinheiro — mas não a única. Ganhar na loteria, encontrar uma companheira rica ou cometer um crime pelo qual não sejam descobertos são caminhos tão aceitáveis para o dinheiro quanto trabalhar. As atitudes em relação à natureza do trabalho numa sociedade patriarcal mudaram na medida em que o capitalismo transformou essa natureza. Poucos homens, agora ou no futuro, podem esperar passar a vida toda em um emprego formal. Atualmente, trabalhadores de todas as categorias enfrentam períodos de desemprego. Para que continuem se sentindo confiantes, a cultura patriarcal precisou oferecer aos homens outros critérios além do trabalho para julgar seus méritos pessoais.

Enquanto pilar fundamental da autoestima patriarcal, o trabalho não funciona há algum tempo para a maioria dos homens. Em vez de descartar por completo o roteiro antiquado do patriarcado, para que assim a natureza do trabalho possa ser transformada na nossa cultura, oferecem-se aos homens vícios que tornam o trabalho insatisfatório menos insuportável. A obsessão patriarcal com o sexo e a pornografia é fomentada para confortar os homens, de maneira subliminar, enquanto executam tarefas tediosas, cansativas e frequentemente desumanizadoras, que põem sua saúde e seu bem-estar em risco. A maioria dos trabalhadores nos Estados Unidos, assim como as trabalhadoras, atua em circunstâncias exploratórias; o trabalho que executam e o modo como são tratados por seus superiores, em geral, minam sua autoestima.

Uma das noções patriarcais antifeministas que ganhou espaço nos últimos anos é a ideia de que as massas de homens estavam contentes em trabalhar duro em empregos desinteressantes para cumprir o papel de provedores, e que foi a insistência feminista na igualdade de gênero no trabalho que gerou a insatisfação masculina. Subjacente a essa suposição está a noção de que as mulheres, ao entrarem para a força do trabalho e deixarem de enxergar o companheiro como único provedor da família, solaparam o bem-estar masculino na cultura patriarcal. No entanto, muitos estudos sociológicos sobre o homem no trabalho escritos antes do movimento feminista indicam que os homens já expressavam grave descontentamento e angústia em relação à natureza do trabalho e a seu significado em suas vidas. Essa insatisfação não recebe a mesma atenção dirigida aos homens quando culpam o movimento feminista por sua infelicidade no mundo do trabalho.

Em seu enorme tratado jornalístico *Domados: como a cultura traiu o homem americano*, Susan Faludi documenta o fato de que muitos homens, sobretudo os mais velhos, julgaram que as mudanças na valorização e na natureza do trabalho, assim como a competição com as mulheres pelas vagas de emprego, lhes privaram do orgulho de ser provedores, criando o que ela chamou de "crise da masculinidade".

> A camada externa da crise da masculinidade — a perda de autoridade econômica dos homens — ficou mais evidente nos ventos recessivos do início dos anos 1990, quando a devastação do desemprego masculino se tornou cada vez mais feroz. O papel do provedor da família estava sendo claramente minado pelas forças econômicas que lançaram muitos homens de volta a um mercado de trabalho traiçoeiro durante "consolidações" [fusões] e reduções de pessoal. Mesmo os muitos homens que nunca foram demitidos costumavam ser tomados pelo medo de que poderiam ser os próximos — de que sua posição como provedores era assustadoramente instável.

Muitos homens na nossa cultura podem acreditar que sua capacidade de prover a si e à família é uma medida de sua masculinidade, embora, com frequência, eles não usem de fato seus recursos para prover a esposa e os filhos.

Teóricas feministas, eu inclusive, chamam atenção já há algum tempo para o fato de que o comportamento dos homens que têm fonte de renda e ainda assim se recusam a pagar pensão alimentícia, ou dos chefes de família que esbanjam o salário com prazeres individuais, desafia a insistência patriarcal de que homens desejam ser cuidadores e provedores. *The Hearts of Men: American Dreams and the Flight from Commitment* [O coração dos homens: sonhos estadunidenses e a fuga do compromisso], de Barbara Ehrenreich, foi um dos primeiros livros a frisar que, na verdade, muitos homens não querem ser provedores, que o próprio conceito de "playboy" foi baseado no desejo de escapar desse papel e ter outro meio de provar a própria masculinidade. Chefes de família que dão uma parte miserável de seu salário para as necessidades familiares podem ainda ter a ilusão de que são provedores. Hoje em dia, a renda financeira das mulheres pode ser o dinheiro reserva que permite que muitos homens patriarcais esbanjem seus salários com drogas, álcool, jogatina ou aventuras sexuais, enquanto proclamam ser os provedores.

O homem trabalhador atual sofre para prover a si mesmo economicamente. E, se ele provê para si e para a família, a luta é ainda mais dura, e o medo de falhar, muito mais intenso. Homens que ganham muito dinheiro na nossa sociedade e que não vivem de renda em geral têm jornadas de trabalho longas, passando grande parte do tempo longe dos familiares. Essa é uma circunstância que compartilham com os homens que não ganham muito dinheiro, mas que também têm longas jornadas de trabalho. Portanto, o trabalho atrapalha o exercício do amor para a maioria dos homens, porque as longas horas costumam esgotar suas energias — resta pouco ou nenhum tempo para o trabalho emocional, para empreender o trabalho do amor. O conflito entre encontrar tempo para o trabalho e encontrar tempo para o amor e para os familiares raramente é discutido em nosso país. Simplesmente se supõe, na cultura patriarcal, que os homens devem estar dispostos a sacrificar conexões emocionais importantes em prol do trabalho. Ninguém buscou examinar de fato o que eles sentem em relação à perda do tempo que passavam com filhos, companheiras e companheiros e outras pessoas estimadas, ou em relação à perda do tempo para o desenvolvimento pessoal. Os trabalhadores que Susan Faludi destaca em *Domados* não expressam incômodo por não terem tempo suficiente para o autoconhecimento e para a conexão emocional consigo mesmo e com outras pessoas.

Há poucas pesquisas documentando até que ponto a depressão associada à natureza do trabalho leva os homens a agir com violência na vida doméstica. O patriarcado contemporâneo ofereceu aos trabalhadores desiludidos uma barganha: as vantagens da masculinidade que uma economia em recessão suprime podem ser resgatadas na esfera sexual por meio da dominação das mulheres. Quando o universo da sexualidade não é satisfatório, os homens se enfurecem. Na realidade, as mulheres estão especialmente cansadas da dominação masculina na esfera sexual, e, em vez de trazer mais "felicidade doméstica", o foco dos homens no sexo, em busca da satisfação que não encontram no trabalho, intensifica os conflitos. O afluxo de massas de mulheres para a força de trabalho não enfraqueceu economicamente os trabalhadores homens; eles ainda ficam com a maior parte dos empregos e os melhores salários. Contudo, esse movimento fez com que as mulheres que trabalham se sentissem mais autorizadas a resistir à dominação do que aquelas que ficam em casa e são dependentes do salário masculino para sobreviver.

As mulheres da classe trabalhadora e da classe média com quem conversei falam sobre a que ponto trabalhar fora, depois de anos em casa, reforçou a sua autoestima e gerou nelas uma perspectiva diferente sobre os relacionamentos. Essas mulheres em geral passam a exigir mais do cônjuge e dos parceiros sexuais homens em termos de envolvimento emocional. Diante dessas demandas, os trabalhadores homens muitas vezes gostariam que a mulher ficasse em casa para que ele pudesse exercer seu poder absoluto, independente do valor em seu holerite. Em muitos casos, quando o salário de uma mulher é maior que o do companheiro, ele age para restaurar seu sentido de domínio. Pode ser que ele simplesmente confisque o dinheiro dela e o use como quiser, tornando-a dependente. Pode ser que ele aumente suas demandas por favores sexuais, e, se isso não funcionar, apenas se negue a ter relações íntimas, fazendo com que uma trabalhadora com desejos sinta seu poder minado.

A maioria das mulheres com longas jornadas de trabalho volta para casa e tem um segundo turno cuidando das tarefas domésticas. Elas sentem, assim como seus pares masculinos, que não há tempo para o trabalho emocional, para partilhar sentimentos e cuidar dos outros. Assim como os homens, podem simplesmente querer descansar. As trabalhadoras são muito mais propensas à irritabilidade do que as outras mulheres; são menos abertas a atender com afabilidade às necessidades de outra pessoa do que a mulher que fica em casa o dia todo, que pode ou não ter filhos para cuidar. Os lares com certeza sofrem quando o machismo decreta que todo cuidado emocional e todo o amor devem vir das mulheres, diante da realidade de que as trabalhadoras costumam voltar para casa cansadas demais para oferecer seus préstimos emocionais. Homens e mulheres sexistas pensam que a maneira de resolver esse dilema, ao invés de incentivar os homens a partilhar da tarefa do cuidado emocional, é regressar a papéis de gênero mais rígidos. Querem que mais mulheres, especialmente aquelas que têm filhos pequenos, fiquem em casa.

É claro que não criticam o sistema econômico que obriga que todos os adultos trabalhem fora; em vez disso, fingem que é o feminismo que mantém as mulheres na força de trabalho.

A maioria das mulheres trabalha porque quer sair de casa e porque sua família precisa de dinheiro para sobreviver, não por serem feministas que acreditam que seu trabalho é um sinal de liberação. Quando alguns homens ficam em casa para fazer o trabalho doméstico e criar os filhos, esse arranjo ainda é visto como "antinatural" por muita gente. Em vez de serem encarados como pessoas que fazem o que deveriam fazer dentro de um relacionamento, os homens do lar são vistos como se estivessem sacrificando o poder e os privilégios que poderiam ter como trabalhadores fora de casa para fazer "trabalho de mulher" no ambiente doméstico.

Foi assumindo o papel de pais amorosos e participativos que alguns homens ousaram desafiar premissas sexistas e fazer o trabalho doméstico que também os convida a aprender habilidades relacionais. Eles comprovam o acerto da teoria feminista que defende que, se os homens participassem igualmente da criação dos filhos, eles, tal qual as mulheres, aprenderiam a cuidar das necessidades dos outros, incluindo as necessidades emocionais. Embora hoje mais homens sejam pais ativos em algum grau do que em qualquer outro momento da história do nosso país, a grande maioria dos homens ainda se recusa a desempenhar um papel equivalente no desenvolvimento emocional dos filhos. Eles costumam usar o trabalho como desculpa para o distanciamento emocional. Quer se considerem feministas ou antifeministas, a maioria das mulheres deseja que os homens se dediquem mais ao trabalho emocional nos relacionamentos. E a maioria dos homens, mesmo os que apoiam com sinceridade a igualdade de gênero no mundo do trabalho, ainda acredita que o trabalho emocional é um trabalho feminino. A maioria dos homens continua a defender o mandamento sexista de que as emoções não têm lugar no campo do trabalho e de que o trabalho emocional em casa deve ser feito pelas mulheres.

Muitos homens usam o trabalho como o lugar onde podem fugir de si mesmos e da consciência emocional, onde podem se perder e operar a partir de um estado de entorpecimento emocional. O desemprego é tão ameaçador no âmbito emocional porque significa que haveria tempo a ser preenchido, e a maioria dos homens na cultura patriarcal não quer ter tempo à disposição. Victor Seidler expressa seu medo de ter tempo ocioso em *Rediscovering Masculinity: Reason, Language and Sexuality* [Redescobrir a masculinidade: razão, linguagem e sexualidade], ao confessar: "Aprendi como é difícil dar tempo para mim mesmo, ainda que seja uma hora por dia. Sempre há coisas que eu deveria estar fazendo. Um sentimento de pânico e ansiedade surge só de pensar em passar mais tempo comigo mesmo". Seidler argumenta que a maioria dos homens carrega um sentido de si tão limitado que não tem certeza de que possui "um eu com o qual gostaríamos de nos relacionar":

> Parece que só aprendemos que o "eu" é algo a ser rigidamente controlado, pois de outra forma ele poderia atrapalhar nossos planos [...]. Nunca nos damos muita chance de realmente nos conhecermos melhor ou de desenvolvermos mais contato com nós mesmos, pois [...] tudo isso ameaça o "controle" com o qual fomos treinados a identificar nossa masculinidade. Nos sentimos presos, embora não vejamos como estamos constantemente recriando essa prisão para nós mesmos.

A competição masculina no ambiente de trabalho pode tornar ainda mais difícil para os homens expressar sentimentos ou passar algum tempo sozinhos. O homem que busca a solidão no ambiente de trabalho, sobretudo nos momentos de folga, é visto como suspeito. No entanto, quando os homens se reúnem no trabalho, raramente têm conversas significativas. Zombam, se vangloriam, brincam, mas não compartilham sentimentos. Eles se relacionam de forma roteirizada e limitada, tomando cuidado para permanecer dentro dos limites emocionais estabelecidos pelo pensamento patriarcal em relação à masculinidade. As regras da masculinidade patriarcal os lembra de que é seu dever como homens recusar a proximidade.

Embora escritores como Kenneth Blanchard, autor de *O gerente minuto* e coautor de *O poder da administração ética*, compartilhem a sabedoria de que as habilidades relacionais devem ser cultivadas pelos homens a fim de melhorar a natureza do trabalho e as relações que nele se estabelecem, os ambientes profissionais, em sua maioria, ainda são lugares onde o envolvimento emocional entre os trabalhadores, em especial entre chefe e subordinado, é visto como ruim para os negócios. Se mais homens estivessem em contato com suas habilidades relacionais e sua vida emocional, talvez escolhessem trabalhos que, pelo menos às vezes, melhorassem seu bem-estar. Embora mulheres com privilégios de classe, como Susan Faludi ou Susan Bordo, que escrevem sobre os homens, se mostrem surpresas com o fato de que a maioria deles não se considera poderosa, mulheres que foram criadas em lares pobres e de classe trabalhadora sempre tiveram plena ciência da dor emocional dos homens do seu convívio e das suas insatisfações no trabalho. Se Susan Faludi tivesse lido o trabalho das feministas negras sobre os homens pobres e da classe trabalhadora que conhecemos mais intimamente, ela não teria ficado "surpresa" ao encontrar tantos homens incomodados e descontentes. As mulheres com privilégios de classe têm sido o único grupo a perpetuar a ideia de que os homens são todo-poderosos, porque muitas vezes os homens de suas famílias *eram* poderosos. Quando Faludi critica a ideia feminista popular de que os homens são todo-poderosos, ela conta com a ignorância dos leitores sobre os textos feministas para perpetuar a ideia de que as feministas não entenderam a dor masculina. Promover esse retrato incorreto serve para reforçar seus argumentos.

Feministas visionárias escreviam sobre o fato de que os homens da classe trabalhadora, longe de se sentirem poderosos, eram terrivelmente afligidos pelo patriarcado muito antes de Faludi conceber seu livro *Domados*, e é difícil imaginar que ela não soubesse disso. Também é desonesto da parte dela agir como se o movimento de libertação que as mulheres criaram para enfrentar seu "problema sem nome" fosse direcionado às mulheres de todas as classes sociais. O feminismo teve pouquíssimo impacto entre as massas de mulheres da classe trabalhadora que estavam no mercado de trabalho antes do movimento feminista e que ainda permaneciam lá, tão insatisfeitas e descontentes com seu destino quanto os homens próximos a elas. As mulheres pobres da classe trabalhadora sempre souberam que a experiência cotidiana do trabalho põe os homens em um ambiente onde se sentem impotentes e onde são incapazes de articular isso em termos patriarcais; para usar as palavras de Faludi, eles se sentem "não muito masculinos".

Assim como as conquistas feministas neste país tiveram um impacto positivo sobretudo para as mulheres com privilégios de classe, os "trabalhadores" que obtiveram permissão dentro dos contornos da cultura patriarcal para reconfigurar a natureza do trabalho em sua vida tendem também a ter poder de classe. No final dos anos 1980 e início dos anos 1990, vários filmes populares retratavam homens poderosos vivenciando doenças ou crises, examinando sua vida e optando por fazer mudanças profundas na natureza do seu trabalho. No filme *Tempo de Recomeçar* [2001], um arquiteto branco cujo trabalho vem sendo desvalorizado se demite, descobre que tem câncer e que lhe resta pouco tempo de vida, e passa a se empenhar no processo de repensar o patriarcado — embora, é claro, esse termo não seja utilizado. Ao examinar sua trajetória, ele escolhe usar os meses restantes para estabelecer conexões emocionais com a família, especialmente com o filho adolescente e com os amigos, e passa o tempo aprendendo a dar e receber amor. O marido de sua ex-mulher, um empresário rico, inspirado no exemplo do homem que está prestes a morrer, repensa a natureza de sua vida e resolve dedicar menos tempo ao trabalho e mais tempo às conexões emocionais. Este filme, assim como seus antecessores, evidencia que os homens que trabalham precisam arrumar tempo para entrar em contato com seu lado emocional se quiserem se tornar homens de sentimento.

O vencedor do Oscar *Beleza Americana* [1999], imensamente popular, mostrou o personagem principal, Lester Burnham, deprimido com a vida, o trabalho, o casamento e a família; ele perdeu a capacidade de sentir. Lester deixa de levar o trabalho a sério e, no fim, começa a entrar em contato com seus sentimentos, mas não consegue se redimir. Ele também morre, como o protagonista de *Tempo de Recomeçar*. Esses filmes seduzem os espectadores com imagens de homens em processo de crescimento, mas logo traem seus personagens e a nós ao nunca deixarem esses homens vivos. Eles ecoam a mensagem patriarcal de que, se um homem parar de trabalhar, ele perde a razão de viver. Em *Rediscovering Masculinity*, Victor Seidler afirma que o homem que se define pelo trabalho faz isso porque "essa é a única identidade que tradicionalmente pode nos pertencer [...] acreditando que ainda podemos provar nossa masculinidade mostrando que não precisamos de nada de outras pessoas". Em *Beleza Americana*, Lester sofre sozinho. A investigação crítica de seus sentimentos acontece dentro de sua cabeça. E ele não pode sobreviver sendo tão completamente vulnerável e isolado. Em suma, os filmes passam aos espectadores do sexo masculino a mensagem de que os homens não serão significativamente empoderados se aprenderem a amar. No fim, *Beleza Americana* diz ao público que não há esperança para homens deprimidos que se disponham a refletir criticamente sobre a vida; que, mesmo quando os homens estão dispostos a mudar, não há lugar para eles na cultura patriarcal. As falas iniciais do filme resumem tudo: "Meu nome é Lester Burnham. Tenho 42 anos. Em menos de um ano estarei morto. É claro, eu ainda não sei disso. E, de qualquer modo, eu já estou morto". A cultura popular nos oferece poucas ou nenhuma imagem redentora de homens que começam emocionalmente mortos. Ao contrário da Bela Adormecida, eles não podem ser trazidos de volta à vida. Na verdade, alguns homens estão engajados no trabalho de recuperação emocional diariamente, mas esse trabalho não é nada fácil, já que eles não têm suporte algum dentro da cultura patriarcal, sobretudo se forem pobres e da classe trabalhadora. E não é à toa que *Tempo de Recomeçar*, que mostra um homem que encontra seu caminho ao rejeitar o patriarcado, não seja tão bem-sucedido quanto *Beleza Americana*.

Homens pobres da classe trabalhadora que sofrem de depressão por conta do trabalho, de desespero pela qualidade da vida íntima que levam, de um sentimento de alienação ou de desorientação costumam recorrer ao abuso de substâncias para aliviar a dor. Quando começam a buscar recuperação, o Alcoólicos Anônimos (AA) é um dos poucos lugares a que podem recorrer. Nos grupos de restabelecimento, eles aprendem, antes de qualquer coisa, que é importante entrar em contato com seus sentimentos, que eles têm o direito de nomeá-los. O sucesso do AA está relacionado ao fato de que a prática da recuperação acontece no contexto da comunidade, em que a vergonha do fracasso pode ser expressa, e o desejo masculino de cura, validado. Terapeutas visionários, como John Bradshaw, encontraram o caminho para o restabelecimento nesses ambientes. Homens da classe trabalhadora que entrevistei e que encontraram na recuperação o caminho de volta à conexão emocional contam que é extremamente difícil se empenhar nesse trabalho — que é fundamentalmente antipatriarcal — e depois deixar esses ambientes para reingressar na cultura patriarcal. Um homem falou sobre como sua parceira ficava desinteressada diante de sua disposição para expressar sentimentos, para contar sua história; aos olhos dela, isso era uma fraqueza. Ela insistia que agora que ele estava sóbrio não precisava mais "expressar esses sentimentos".

Apesar das mudanças na natureza dos papéis de gênero, ainda vivemos em uma cultura patriarcal predominada pelo machismo. Se não fosse assim, os homens poderiam encarar os períodos de desemprego como pausas em que fariam o trabalho de autorrealização e de cura. Muitos trabalhadores em nossa cultura mal sabem ler e escrever. Imaginem se o tempo fora do trabalho pudesse ser gasto em programas de alfabetização estimulantes para homens pobres da classe trabalhadora. Imaginem um salário oferecido por esse trabalho de autodesenvolvimento. Quando o patriarcado não for mais dominante, será possível aos homens enxergar a si mesmos de maneira integral, ver o trabalho como parte da vida, não como toda a sua existência. Em *Amor & sobrevivência*, Dean Ornish, compartilhando seu esforço pessoal para trabalhar menos e reservar tempo para a autorrealização, oferece esta reflexão:

> Se a sua intenção por trás do trabalho for buscar reconhecimento e poder — "ei, olhem para mim, eu sou especial, sou importante, mereço seu amor e respeito" —, então você está se distanciando das outras pessoas como forma de tentar se sentir conectado a elas. Distanciar-se das outras pessoas como forma de tentar se sentir conectado a elas: parece muito óbvio por que isso seria contraproducente; contudo, essa costuma ser a norma em nossa cultura [...]. Quando minha autoestima era definida pelo que eu fazia, eu tinha de aproveitar cada oportunidade que aparecesse, mesmo quando os relacionamentos eram prejudicados.

Quando passou a optar por viver de maneira integral, Ornish conseguiu mudar essa forma de pensar sobre o trabalho.

O livro *As novas passagens masculinas*, de Gail Sheehy, contém relatos autobiográficos de homens que enfrentam a compreensão de que o trabalho que realizam promove infelicidade e depressão severa. Esses homens lutam para priorizar o bem-estar emocional em detrimento do holerite e da imagem de si mesmos como provedores. Lee May relembra: "Eu me vi diante de duas escolhas difíceis. Uma era ficar no emprego que eu tinha e me afogar, sufocar, morrer no âmbito psicológico; a outra era me demitir e enfrentar a possibilidade de que desmoronaríamos financeiramente". Ele admite que sua infelicidade com o trabalho minou o bem-estar em casa: "Nosso lar era um lugar infeliz. E, se eu tivesse permanecido nos empregos antigos, minha infelicidade teria impregnado nosso relacionamento". May pôde fazer a escolha de sair do emprego que o deixava infeliz, e o trabalho que passou a exercer — escrever um livro sobre sua vida como jornalista viajante, escrever uma coluna sobre jardinagem — foi algo que aumentou seu autoconhecimento e sua autorrealização. O retrato honesto de seu medo de romper com a negação é um exemplo para muitos homens que poderiam aprender a honrar propriamente o eu em um mundo que lhes diz todos os dias que sua vida interior não importa.

Ao escrever corajosamente sobre como foi difícil romper com os valores patriarcais que governaram seu pensamento por anos, Ornish conta que a prática da intimidade é curativa:

> Estou aprendendo que a chave da nossa existência é o amor. Quando amamos e nos sentimos amados por alguém, de alguma forma, ao longo do caminho, nosso sofrimento diminui, nossas feridas mais profundas começam a cicatrizar, nosso coração passa a se sentir seguro o bastante para ser vulnerável e se abrir um pouco mais. Começamos a vivenciar nossas próprias emoções e os sentimentos das pessoas à nossa volta.

Imaginem uma cultura não patriarcal, em que os serviços de aconselhamento estivessem disponíveis para todos os homens a fim de ajudá-los a encontrar um trabalho para o qual fossem mais adequados e que pudessem realizar com alegria. Imaginem locais de trabalho que ofereçam intervalos nos quais os trabalhadores possam ter aulas de reparação relacional, nos quais possam se relacionar entre si e construir uma comunidade de solidariedade que, mesmo que não pudesse mudar a natureza árdua e deprimente do trabalho em si, poderia ao menos tornar o ambiente mais suportável. Imaginem um mundo em que os homens que estão desempregados por qualquer motivo possam aprender o caminho para a autorrealização. As trabalhadoras descobrem que deixar o isolamento doméstico e trabalhar em um ambiente comunitário melhora seu bem-estar emocional mesmo quando os salários são baixos e nada libertadores — como algumas pensadoras feministas ingenuamente acreditaram que poderiam ser. Se os homens seguissem esse exemplo e usassem o local de trabalho como um ambiente para a prática de habilidades relacionais, construindo uma comunidade, a crise masculina em torno do trabalho poderia ser abordada de forma mais eficaz.

Na nossa cultura, muitos homens aposentados, sobretudo aqueles com mais de sessenta anos, costumam pensar que o envelhecimento lhes permite se libertar do patriarcado. Com tempo livre, muitas vezes eles são compelidos a se desenvolver emocionalmente, pela solidão extrema, alienação, crise de sentido ou outras circunstâncias. Eles são os mais velhos que podem falar com as novas gerações, desmascarando o mito patriarcal do trabalho; essas vozes precisam ser ouvidas. São as vozes que dizem aos homens mais jovens: "Não espere até que sua vida esteja perto do fim para encontrar seu sentido, para seguir seu coração. Não espere até que seja tarde demais". O trabalho pode e deve ser enriquecedor para a vida de todos os homens. Quando homens audaciosos forem ao trabalho amando e sendo amados, a natureza do trabalho se transformará, e o ambiente de trabalho não mais exigirá que eles fiquem com o coração destruído para que o serviço seja feito.

07.
masculinidade feminista

Diga que você é feminista e, para a maioria dos homens, você automaticamente é vista como inimiga. Você corre o risco de ser encarada como uma mulher que odeia os homens. Muitas mulheres jovens temem que, ao se identificarem como feministas, perderão a aprovação masculina, não serão amadas pelos homens. O senso comum sobre o impacto do movimento feminista na vida dos homens é o de que o feminismo os prejudica. Homens e mulheres antifeministas e conservadores insistem que o feminismo está destruindo a vida familiar. Argumentam que as mulheres que trabalham fora negligenciam a casa e deixam os filhos sem cuidados maternos. No entanto, invariavelmente ignoram o quanto a cultura capitalista de consumo, não o feminismo, empurrou as mulheres para a força de trabalho e as manteve lá.

Quando as feministas disseram ao mundo que o patriarcado promove o ódio às mulheres, a resposta foi que elas estavam sendo muito extremistas, exagerando o problema. Mas, quando os homens que não sabiam nada sobre feminismo alegaram que as feministas odiavam os homens, não houve resposta do mundo não feminista dizendo que eles estavam exagerando. Nenhuma feminista assassinou e estuprou homens. As feministas não têm sido presas, dia após dia, por violência contra os homens. Nenhuma feminista foi acusada de abuso sexual contínuo de meninas, incluindo a criação de um mundo de pornografia infantil feminina. Sim, essas são algumas das ações por parte de homens que levaram algumas feministas a enxergar neles ódio às mulheres.

Ainda que nem todos os homens sejam misóginos, as intelectuais feministas foram precisas ao afirmar que o patriarcado, em sua forma mais básica e direta, promove o medo das mulheres e o ódio às mulheres. Um homem que seja descarada e inequivocamente comprometido com a masculinidade patriarcal terá medo e ódio de tudo que a cultura considera feminino. No entanto, a maioria dos homens não escolheu conscientemente o patriarcado como a ideologia que governa sua vida, suas crenças e suas ações. A cultura patriarcal é o sistema no qual eles nasceram e que foram habituados a aceitar. Porém, a maioria dos homens tem se rebelado de pequenas formas contra o patriarcado em todas as áreas e resistido à fidelidade absoluta ao pensamento e à prática patriarcais. Grande parte dos homens está claramente disposta a resistir ao patriarcado quando ele interfere no desejo individual. Apesar disso, eles não têm se disposto a abraçar o feminismo como um movimento que poderia desafiar, transformar e, por fim, acabar com o patriarcado.

Desde o início, o movimento feminista foi apresentado aos homens, por meio da mídia de massa, como contrário aos seus interesses. De fato, havia uma séria facção anti-homens no feminismo contemporâneo. E ainda que as mulheres que odeiam os homens fossem uma pequena minoria entre as integrantes do movimento de libertação, elas receberam a maior atenção. Ao não tratar as mulheres adequadamente, os homens, por meio de atos contínuos de dominação, criaram o contexto cultural para a rebelião feminista. No capítulo sobre "Masculinidade feminista" em meu livro *O feminismo é para todo mundo*, escrevo:

> Mulheres heterossexuais chegaram individualmente ao movimento recém-saídas de relacionamentos em que o homem era cruel, mau, violento, infiel. Vários desses homens eram pensadores radicais que participavam de movimentos por justiça social, falavam em nome dos trabalhadores, dos pobres, defendendo a justiça racial. Mas, quando a questão era gênero, eles eram tão sexistas quanto os homens conservadores. As mulheres chegavam furiosas desses relacionamentos. E elas usavam essa fúria como catalisador da libertação das mulheres. À medida que o movimento progredia, à medida que o pensamento feminista avançava, ativistas feministas conscientes enxergaram que homens não eram o problema, que o problema era o patriarcado, o sexismo e a dominação masculina.

Foi difícil para as mulheres comprometidas com a transformação feminista encarar o fato de que o problema não estava apenas nos homens. Enfrentar essa realidade exigia teorizações mais complexas; exigia reconhecer o papel que as mulheres desempenham na manutenção e perpetuação do patriarcado e do machismo. À medida que mais mulheres se afastavam de relacionamentos destrutivos com homens, ficava mais fácil ver o quadro completo e entender que, mesmo que alguns homens se despojassem do privilégio patriarcal, o sistema do patriarcado, do sexismo e da dominação masculina ainda permaneceria intacto, e as mulheres ainda seriam exploradas e oprimidas. Apesar dessa mudança na agenda feminista, pensadoras feministas visionárias, que nunca foram contrárias aos homens, não receberam e não recebem atenção da grande mídia. Como consequência, o senso comum de que as feministas odeiam os homens continua a prevalecer.

A vasta maioria das feministas que encontro não odeia os homens; elas sentem pena dos homens porque enxergam como o patriarcado os fere e como, ainda assim, eles permanecem apegados à cultura patriarcal. Embora intelectuais visionárias tenham chamado a atenção para a maneira como o patriarcado fere os homens, nunca houve um esforço contínuo para lidar com a dor masculina. Até hoje, ouço feministas expressarem preocupação com a condição dos homens dentro do patriarcado, ao mesmo tempo que dizem não estar dispostas a direcionar suas energias para ajudar a educar e transformar os homens. A escritora feminista Minnie Bruce Pratt afirma claramente essa posição: "Como é que os homens vão mudar? O encontro entre duas pessoas, em que uma confronta a outra, é o ponto da mudança. Mas eu não quero o contato pessoal. Eu não quero fazer isso. [...] Quando se fala sobre não gastar nossas energias com os homens, eu concordo [...]. Eles têm de fazer por si mesmos". Essas atitudes, juntamente com as atitudes negativas da maioria dos homens em relação ao pensamento feminista, fizeram com que nunca houvesse um apelo coletivo e afirmativo para que meninos e homens se juntassem ao movimento feminista com o objetivo de se libertar do patriarcado.

As feministas reformistas não podiam fazer esse apelo porque eram o grupo de mulheres — geralmente mulheres brancas com privilégios de classe — que havia promovido, em primeiro lugar, a ideia de que todos os homens eram poderosos. Essas eram as mulheres para quem a libertação feminista tinha mais a ver com garantir sua fatia do poder e menos com libertar as inúmeras mulheres ou homens menos poderosos da opressão sexista. Elas não se aborreciam com seus pais e maridos poderosos que mantinham os homens pobres explorados e oprimidos; se aborreciam por não lhes ter sido concedido o mesmo acesso ao poder. Quando muitas dessas mulheres conquistaram poder e, em especial, paridade econômica com os homens de sua classe, elas praticamente perderam o interesse pelo feminismo.

Com a diminuição do interesse pelo pensamento e pela prática feminista, tem havido ainda menos foco na condição dos homens do que quando o movimento feminista estava no auge. Essa falta de interesse não muda o fato de que apenas uma visão feminista que abrace a masculinidade feminista — que ame os meninos e os homens e exija para eles os mesmos direitos que desejamos para as meninas e as mulheres — pode renovar os homens em nossa sociedade. O pensamento feminista ensina a todos nós, especialmente aos homens, como amar a justiça e a liberdade de maneiras que promovam e afirmem a vida. É evidente que precisamos de novas estratégias, de novas teorias, de guias que nos mostrem como criar um mundo onde a masculinidade feminista floresça.

Infelizmente, não há um conjunto de escritos feministas recentes dedicado aos homens que seja acessível, inteligível e conciso. Há poucos trabalhos com um ponto de vista feminista que se concentram na infância dos meninos. Nenhum conjunto significativo de escritos feministas dialoga diretamente com os meninos, demonstrando como podem construir uma identidade que não esteja enraizada no machismo. Não há uma literatura infantil feminista que possa servir como alternativa às perspectivas patriarcais, que são abundantes no mundo dos livros infantis. A igualdade de gênero que muitos de nós tomamos como garantida em nossa vida adulta — em particular aqueles de nós que têm privilégios de classe e educação de elite — simplesmente não está presente no mundo dos livros infantis ou no mundo da educação pública e privada. Os professores das crianças veem a igualdade de gênero sobretudo como forma de garantir que as meninas tenham os mesmos privilégios e direitos que os meninos dentro da estrutura social existente, e não como forma de conceder aos meninos os mesmos direitos das meninas — por exemplo, o direito de escolher não se envolver em brincadeiras agressivas ou violentas, o direito de brincar com bonecas, de se fantasiar, de se vestir com roupas de ambos os gêneros, o direito de escolher.

Assim como foi um equívoco das pensadoras feministas reformistas considerar que as mulheres alcançariam a "liberdade" simplesmente garantindo o direito de ser como os homens patriarcais poderosos (mulheres feministas com privilégio de classe nunca insinuaram querer que a sua sorte fosse igual à dos homens pobres da classe trabalhadora), também era simplista imaginar que o homem poderia se libertar apenas se tornando uma mulher travestida. No entanto, esse era o modelo de liberdade oferecido aos homens pelo pensamento feminista dominante. Esperava-se que os homens se apegassem às ideias sobre força e sobre prover o sustento das outras pessoas, que faziam parte do pensamento patriarcal, e que, ao mesmo tempo, abandonassem a dominação e investissem em crescimento emocional. Essa visão da masculinidade feminista era tão repleta de contradições que jamais poderia efetivar-se. Não é de se admirar, então, que os homens que se importavam, que estavam abertos à mudança, simplesmente desistissem, muitas vezes se voltando para a mesma masculinidade patriarcal que consideravam problemática. Os poucos homens que de fato assumiram uma noção feminista de libertação masculina o fizeram apenas para descobrir que poucas mulheres respeitavam essa mudança.

Assim que o "novo homem", que é o homem transformado pelo feminismo, foi representado como covarde, como um banana dominado por mulheres poderosas que desejavam em segredo um cara macho, muitos homens perderam o interesse. Reagindo a essa inversão dos papéis de gênero, homens que eram solidários ao feminismo decidiram parar de tentar exercer algum papel num movimento liderado por mulheres e se envolveram com o movimento dos homens. Positivamente, o movimento dos homens enfatizou a necessidade de os homens se conectarem com seus sentimentos, de conversarem com outros homens. De maneira negativa, o movimento masculino continuou a promover o patriarcado através de uma insistência tácita de que os homens, para se autorrealizarem plenamente, precisavam estar separados das mulheres. A ideia de que os homens precisavam se separar das mulheres para se encontrar parecia apenas a velha mensagem patriarcal com nova roupagem.

No ensaio "Feminism and Masculinity" [Feminismo e masculinidade], Christine A. James descreve o movimento de homens liderado por Robert Bly e explica:

> Bly afirma que as mulheres, principalmente a partir do feminismo, criaram uma situação em que os homens, sobretudo os jovens, se sentem fracos, emasculados e inseguros sobre si mesmos, e que os homens mais velhos devem guiá-los no caminho de volta [...]. Bly sustenta o mito do Homem Selvagem como um modelo do caminho que os homens devem tomar, e nunca questiona os dualismos hierárquicos tão integralmente ligados à tensão que ele percebe entre homens e mulheres. Pode-se dizer que a ideia do Homem Selvagem apenas reforça clichês sobre a "masculinidade real" em vez de tentar promover uma nova relação entre homens e mulheres, assim como entre o masculino e o feminino.

O movimento dos homens criticava as mulheres e o feminismo com frequência, sem, no entanto, fazer uma crítica continuada do patriarcado. Enfim, não demandava consistentemente que os homens desafiassem o patriarcado ou imaginassem modelos emancipadores de masculinidade.

Muitos dos modelos do movimento *New Age* criados por homens reconfiguraram os velhos paradigmas sexistas ao mesmo tempo que faziam parecer que ofereciam um roteiro diferente para as relações de gênero. O movimento dos homens muitas vezes resistia a modelos patriarcais machistas enquanto defendia uma visão de patriarcado benevolente, em que o pai é o soberano que governa com ternura e bondade, mas ainda mantém o controle. Na esteira do movimento feminista e dos diversos movimentos de libertação masculina que não aproximaram as mulheres e os homens, a questão de qual seria a alternativa à masculinidade patriarcal ainda precisa ser respondida.

Evidentemente, os homens precisam de novos modelos de autoafirmação que não exijam a construção de um "outro" no papel de inimigo, seja a mulher ou o simbólico feminino, em contraposição ao qual devam se definir. Desde a primeira infância, os meninos precisam de modelos de homens íntegros, completos, que não sejam divididos contra si mesmos. Embora mulheres que atuam como mães solo tenham demonstrado que podem criar meninos saudáveis que se tornam homens responsáveis e amorosos, em todos os casos em que esse modelo de parentalidade foi bem-sucedido as mulheres escolheram homens adultos — pais, avós, tios, amigos e companheiros — para exemplificar a masculinidade adulta que seus filhos deviam se esforçar para alcançar.

Sem dúvida, um dos primeiros atos revolucionários do feminismo visionário deve ser restaurar o masculino e a masculinidade como uma categoria biológica ética, divorciada do modelo do dominador. É por isso que o termo "masculinidade patriarcal" é tão importante, porque ele identifica a diferença masculina como sendo sempre e somente sobre o direito dos homens de dominar — seja as mulheres subordinadas ou qualquer grupo considerado mais fraco, por qualquer meio necessário. Rejeitar esse modelo em favor de uma masculinidade feminista significa que devemos definir a masculinidade como um modo de ser, e não como uma performance. O ser masculino e a masculinidade devem representar a bondade essencial do indivíduo, do corpo humano que tem um pênis. Muitos dos críticos que escreveram sobre masculinidade sugerem que devemos acabar com o termo, que precisamos do "fim da virilidade". Porém, essa postura favorece a ideia de que há alguma coisa inerentemente ruim, má ou indigna com o masculino.

É uma postura que parece mais uma reação à masculinidade patriarcal do que uma resposta amorosa e criativa que poderia separar o masculino e a virilidade de todos os traços de identificação que o patriarcado impôs ao indivíduo que tem um pênis. Nosso trabalho de amor deve ser resgatar a masculinidade, e não permitir que ela fique refém da dominação patriarcal. Há um lugar criativo que nutre e enriquece a vida para o masculino em uma cultura não dominadora. E aquelas de nós comprometidas com acabar com o patriarcado podemos tocar os corações de homens reais ali onde eles se encontram, sem exigir que desistam da virilidade ou da masculinidade, mas insistindo que permitam que o seu significado seja transformado, que se tornem desleais à masculinidade patriarcal, a fim de encontrar um lugar para o masculino que não o torne sinônimo de dominação ou desejo de violência.

A cultura patriarcal segue controlando o coração dos homens justamente porque os habitua a acreditar que, sem assumir o papel de patriarca, eles perderão a razão de ser. A cultura de dominação ensina a todos nós que o núcleo de nossa identidade é definido pelo desejo de dominar e controlar outras pessoas. E nos dizem que esse desejo de dominar é mais inato nos homens do que nas mulheres. Na verdade, a cultura de dominação nos ensina que somos todos naturalmente assassinos, mas que os homens são mais capazes de realizar o papel de predador. No modelo de dominação, a busca por poder externo, a capacidade de manipular e controlar os outros, é o que mais importa. Quando a cultura é baseada em um modelo de dominação, ela não apenas será violenta como vai enquadrar todos os relacionamentos como lutas de poder.

Não importa quantos visionários contemporâneos nos assegurem de que lutas pelo poder não são um modelo eficaz para as relações humanas: a cultura patriarcal supremacista branca capitalista imperialista continua insistindo que a dominação deve ser o princípio organizador da civilização. Em *O coração da alma*, Gary Zukav e Linda Francis evidenciam que, embora os humanos possam ter precisado criar um poder externo para manter a espécie viva em algum momento, esse não é mais o caso: "Com ou sem reverência, a busca por poder externo leva apenas a violência e destruição. É uma modalidade evolucionária que não funciona mais. É o remédio errado, e nada pode fazer com que seja novamente o remédio correto". A masculinidade patriarcal ensina aos homens que sua individualidade tem sentido apenas em relação à busca por poder externo; essa masculinidade é um subtexto do modelo de dominação.

Antes que as realidades masculinas possam ser transformadas, o modelo de dominação, como ideologia subjacente sobre a qual baseamos a nossa cultura, deve ser eliminado. Nós já sabemos que, dentro da cultura patriarcal, os homens podem ser mais emotivos, podem ser cuidadores, podem romper com os papéis sexistas, mas, enquanto os princípios subjacentes estiverem em vigor, os homens nunca poderão ser verdadeiramente livres. A qualquer momento, esse éthos patriarcal implícito pode ofuscar comportamentos que busquem contrariá-lo. Já vimos que muitos homens mudaram seu pensamento por um tempo, quando o movimento feminista era uma força poderosa de mudança social, mas, dado que o pensamento patriarcal que sustenta a nossa sociedade não se transformou, quando a energia do movimento começou a minguar, a velha ordem foi reestabelecida. Pensamentos e práticas sexistas duramente criticadas no auge do movimento feminista voltaram a se tornar mais aceitáveis. É óbvio que acabar com o patriarcado é necessário para que os homens tenham liberdade coletiva. Essa é a única saída para a crise da masculinidade que a maioria dos homens tem enfrentado.

Para oferecer aos homens um modo diferente de ser, devemos primeiro substituir o modelo de dominação por um modelo de parceria que enxergue a interexistência e a interdependência como a relação orgânica entre todos os seres vivos. No modelo de parceria, a individualidade, não importa se a pessoa é mulher ou homem, está sempre no centro da identidade. A masculinidade patriarcal ensina os homens a serem patologicamente narcisistas, imaturos e psicologicamente dependentes, para se autodefinir pelos privilégios (por mais relativos que sejam) que recebem por terem nascido homens. Por isso, muitos homens sentem que a própria existência está ameaçada caso esses privilégios sejam retirados. Em um modelo de parceria, a identidade masculina, tal qual sua correspondente feminina, estaria centrada na noção de uma bondade essencial inerentemente orientada para as relações. Em vez de assumir que os homens nascem com vontade de agredir, a cultura assumiria que eles nascem com a vontade de se conectar.

A masculinidade feminista pressupõe que basta o homem ser para que tenha valor, que ele não precisa "fazer", "atuar", para ser reconhecido e amado. Em vez de definir força como "poder sobre", a masculinidade feminista a define como a capacidade de ser responsável por si e por outras pessoas. Essa força é uma característica que homens e mulheres devem possuir. Em *A coragem de criar grandes homens*, Olga Silverstein enfatiza a necessidade de se redefinir os papéis masculinos para que rompam com as normas sexistas. Hoje, porém, as definições sexistas dos papéis masculinos insistem em identificar masculinidade com vitória, superioridade e dominação:

> Até que estejamos dispostos a questionar muitas das especificidades do papel do sexo masculino, incluindo a maioria das sete normas e estereótipos que o psicólogo Robert Levant cita em uma listagem de seus constituintes principais — "o evitar da feminilidade, afetividade restritiva, busca por sucesso e status, autossuficiência, agressividade, homofobia, e posturas não relacionais diante da sexualidade" —, estaremos negando aos homens sua completa humanidade. A masculinidade feminista teria como seus componentes principais integridade, amor próprio, consciência emocional, assertividade e habilidades relacionais, incluindo a capacidade de ter empatia, autonomia e se conectar.

O núcleo da masculinidade feminista é compreender o compromisso com a igualdade e a reciprocidade de gênero como crucial para a interexistência e para a parceria na criação e manutenção da vida. Esse compromisso sempre privilegia ações não violentas em detrimento da violência, a paz sobre a guerra e a vida sobre a morte.

Olga Silverstein diz de forma certeira que "o que o mundo precisa agora é de um tipo diferente de homem" — ela propõe que precisamos de um homem "bom" —, mas essa categoria binária emprega automaticamente um modelo de dominação de "ou isso ou aquilo". O mundo precisa agora de homens livres que tenham as qualidades citadas por Silverstein, de homens que sejam "empáticos e fortes, autônomos e conectados, responsáveis consigo, com a família, com os amigos e com a sociedade, e capazes de entender como essas responsabilidades são, no fim das contas, inseparáveis". Os homens precisam do pensamento feminista, pois essa é a teoria que ampara a sua evolução espiritual e seu distanciamento do modelo patriarcal. O patriarcado está destruindo o bem-estar dos homens, tirando-lhes a vida diariamente.

Quando Silverstein ministra oficinas sobre as transformações nos papéis de gênero sexistas, são as mulheres que a questionam se um homem com essas qualidades poderia sobreviver. Ela responde ao receio apontando estas verdades:

> Homens não estão exatamente sobrevivendo muito bem! Nós os mandamos à guerra para matar e morrer. Eles estão se deitando no meio de estradas para provar sua virilidade, imitando a cena de um filme recente sobre futebol americano [*Um Jogo, Uma Vida* (1993)]. Estão morrendo de ataque cardíaco no início da meia-idade, matando a si mesmos com doenças hepáticas e pulmonares através dos hábitos másculos da bebida e do cigarro, cometendo suicídio numa taxa cerca de quatro vezes mais alta que as mulheres, tornando-se vítimas de homicídio (geralmente nas mãos de outros homens) com frequência três vezes maior que as mulheres e, portanto, vivendo cerca de oito anos a menos que as mulheres.

E eu acrescentaria que muitos homens, no esforço de provar sua masculinidade patriarcal por meio de atos de violência brutal e desnecessária, acabam presos pela vida toda. Evidentemente, muitas mulheres sobrevivemos, levando vidas felizes e satisfatórias, porque não abraçamos uma identidade que nos liga à violência; os homens precisam ter a mesma escolha.

As mulheres não são o único grupo que não consegue imaginar como o mundo seria se os homens fossem criados com integridade. Parece haver um medo de que, fossem pessoas íntegras e capazes de amar, eles seriam incapazes de ser enérgicos e de agir violentamente se necessário.

Um sábio massai, quando Terrence Real lhe pediu para nomear as características de um bom guerreiro, respondeu:

> Eu me recuso a te dizer o que constitui um bom *morani* [guerreiro]. Digo, porém, o que constitui um grande *morani*. Quando a situação pede ferocidade, um bom *morani* é muito feroz. E quando a situação pede gentileza, um bom *morani* é extremamente gentil. Agora, o que faz um grande *morani* é saber qual situação é qual.

Vemos que as mulheres criadas com os traços típicos de qualquer pessoa íntegra são capazes de agir com ternura, com assertividade e com agressividade, se e quando a agressividade for necessária.

Os homens capazes de ser indivíduos unos e inteiros podem praticar o discernimento emocional descrito de modo tão lindo pelo sábio massai precisamente porque são capazes de compreender e de responder, em vez de simplesmente reagir. A masculinidade patriarcal confina os homens em vários estágios de antagonismo e reação exagerada. A masculinidade feminista não reproduz a ideia de que a masculinidade tem esse componente reativo, selvagem e descontrolado; em vez disso, garante aos homens e a quem se preocupa com eles que não precisamos temer a perda do controle dos homens. O poder do patriarcado tem sido tornar a masculinidade temida e fazer com que os homens sintam que é melhor ser temido do que ser amado. Consigam os homens confessá-lo ou não, eles sabem que isso não é verdade.

Esse temor do masculino que os homens inspiram os afasta, em maior ou menor grau, de todas as mulheres em suas vidas, e eles sentem essa perda. Em última análise, um dos custos emocionais da obediência ao patriarcado é ser visto como indigno de confiança. Se, na cultura patriarcal, ensinam as mulheres e as meninas a ver todos os homens, incluindo aqueles com quem temos intimidade, como estupradores e assassinos em potencial, não podemos oferecer a eles nossa confiança, e sem confiança não há amor. Quando eu era menina, meu pai era respeitado como o provedor e protetor patriarcal da nossa família. E ele era temido. Essa capacidade de inspirar medo era, para ele, o sinal da verdadeira masculinidade. Embora a consciência de que nosso pai podia cuidar dos seus fosse reconfortante, no momento em que ele liberou esse desejo de usar violência contra nós, nós o perdemos. Fomos deixadas apenas com nossos medos — e com a consciência de que não havia conexão emocional grande o bastante para acalmar e transformar a agressividade do nosso pai, para mantê-lo conectado.

Quantos homens já perderam esse vínculo de amor por meio de atos de violência nos relacionamentos, pondo em prática a ideia embutida na masculinidade patriarcal de que em todo homem há um predador, um caçador faminto e pronto para matar? Silverstein sustenta que os homens sofrem com a insistência patriarcal para que encenem rituais de alienação que levam ao seu "distanciamento das mulheres":

> Como qualquer pessoa que trabalha com idosos pode te contar, quando octogenários dizem suas últimas palavras, é pela "mamãe" que os homens chamam, nunca pelo "papai". Pode ser que esses homens nem estejam chamando uma mãe real, mas uma mãe simbólica que representa cuidado, atenção, vínculo, cuja presença amorosa nos diz que não estamos sozinhos.

A masculinidade patriarcal insiste que homens de verdade devem provar sua masculinidade idealizando a solidão e o afastamento. A masculinidade feminista diz aos homens que eles se tornam mais reais pelo ato de se conectar com as outras pessoas, pela criação de comunidade. Não há nenhuma sociedade no mundo feita de um homem só. Mesmo Henry David Thoreau em sua cabana solitária escrevia diariamente para a mãe. Quando John Gray diz aos leitores de *Homens são de Marte, mulheres são de Vênus* que os homens vão para suas cavernas — isto é, que os homens dissociam e se desconectam —, ele está descrevendo com precisão a masculinidade patriarcal. No entanto, ele nunca sugere que os homens possam ficar satisfeitos passando a vida dentro da caverna. Mesmo assim, muitos homens capturados pelo patriarcado vivem numa aridez de espírito em que estão sempre e completamente sozinhos.

O feminismo como movimento para acabar com a dominação e a opressão sexista oferece a nós todos a saída da cultura patriarcal. Os homens que estão acordando para essa verdade geralmente são mais jovens, nascidos em um mundo onde a igualdade de gênero é mais comum. Ao contrário de gerações anteriores, eles não precisam ser convencidos de que as mulheres são suas iguais. São esses os jovens que frequentam as aulas de estudos sobre as mulheres, que não têm medo de se identificar como defensores do feminismo. São os filhos feministas de mães feministas. Assim, no posfácio que escreveu para o livro de sua mãe, *A coragem de criar grandes homens*, Michael Silverstein elogia o trabalho dela: "A ideia de que os homens que perderam o contato com a mãe perderam o contato com partes de si é poderosa — poderosa o bastante para promover mudanças. Eu me orgulho de minha mãe ter a coragem de colocar essas questões para mim e para si mesma, e para outras mães e filhos". Esses homens são o exemplo vivo de como a masculinidade feminista liberta os homens.

Os homens de gerações anteriores que passaram do pensamento sexista para a masculinidade feminista foram, em geral, conduzidos pelas mulheres que cruzaram sua vida a fazer mudanças no pensamento e na prática, mas, para muitos, foi a experiência de assumir um papel parental igualitário que realmente transformou sua consciência e seu comportamento. Eu tive muitas conversas com homens que, ao criar as filhas, de repente se viram enfurecidos com preconceitos patriarcais que antes não percebiam ou com os quais não se preocupavam até o momento em que viram o machismo começar a atrapalhar as ações e a existência de suas meninas. Teóricas feministas defenderam desde o início do movimento que, se os homens participassem da criação dos filhos de forma substancial, eles se transformariam. Eles desenvolveriam as habilidades relacionais que costumam ser vistas como inatas nas mulheres. A paternidade continua sendo um espaço em que os homens podem praticar o amor enquanto abandonam o modelo de dominação e se engajam mutuamente com as mulheres com as quais cuidam dos filhos que têm em comum.

A dominação masculina não permite que a intimidade mútua emerja; ela impede que os pais toquem o coração dos filhos.

Enquanto os homens dominarem as mulheres, não haverá amor entre nós. A ideia de que amor e dominação podem coexistir é uma das mentiras mais poderosas do patriarcado. A maioria dos homens e mulheres continua acreditando nisso, mas, na verdade, o amor transforma a dominação. Quando os homens fazem o trabalho de criar uma individualidade fora da caixa patriarcal, eles desenvolvem a consciência emocional necessária para aprender a amar. O feminismo faz com que mulheres e homens possam conhecer o amor.

O feminismo visionário é uma política sábia e amorosa. Está enraizado no amor ao ser masculino e feminino, recusando-se a privilegiar um sobre o outro. A alma da política feminista é o compromisso de acabar com a dominação patriarcal de mulheres e homens, meninas e meninos. O amor não pode existir em nenhum relacionamento baseado em dominação e coerção. Os homens não podem se amar na cultura patriarcal se a própria definição de si mesmos depende da submissão às regras patriarcais. Quando os homens abraçarem o pensamento e a prática feministas, que enfatiza o valor do crescimento mútuo e da autorrealização em todos os relacionamentos, seu bem-estar emocional aumentará. Uma política feminista genuína sempre nos leva da servidão à liberdade, do desamor para o amor.

"A parceria mútua é a base do amor. O pensamento e a prática feministas criam as condições para que a reciprocidade possa ser nutrida." Um verdadeiro companheiro e defensor da política feminista, John Stoltenberg, tem consistentemente incentivado os homens a desenvolver uma sensibilidade ética que os torne capazes de amar mais a justiça do que a masculinidade. Em seu ensaio "Healing from Manhood" [Curar-se da masculinidade], ele anuncia que "amar mais a justiça do que a masculinidade não é somente um objetivo nobre, é o futuro". Como explica Stoltenberg: "Optar pela lealdade à masculinidade em detrimento da individualidade leva inevitavelmente à injustiça [...], amar mais a justiça do que a masculinidade assenta a identidade pessoal na individualidade — de forma relacional, recíproca e realista". Assim como outros defensores do pensamento feminista, Stoltenberg sabe, por experiência própria, que não é uma tarefa fácil para os homens se rebelar contra o pensamento patriarcal e aprender a amar a si mesmos e às outras pessoas. A masculinidade feminista oferece aos homens uma forma de se reconectar com a individualidade, revelando a bondade essencial do masculino e permitindo que todos, homens e mulheres, encontrem satisfação em amá-lo.

08.
cultura popular: a masculinidade midiática

A grande mídia faz o trabalho de doutrinar continuamente meninos e homens, ensinando-os as regras do pensamento e da prática patriarcal. Um dos principais motivos pelos quais a demanda feminista de desafiar e transformar o patriarcado teve tão pouco impacto sobre os homens foi que a teoria era expressa sobretudo em livros. A maioria dos homens não estava comprando nem lendo livros feministas. Durante o auge do movimento feminista contemporâneo liderado por mulheres brancas, no final dos anos 1960 e início dos anos 1970, autores homens contribuíram com livros que abordavam as questões da masculinidade destrutiva, criticando o patriarcado. Livros como *The Male Machine* [A máquina masculina], *Men's Liberation* [A libertação dos homens], *The Liberated Man* [O homem liberado], *The Limits of Masculinity* [Os limites da masculinidade], *For Men against Sexism* [Para os homens contrários ao sexismo], *Being a Man* [Ser homem] e *White Hero, Black Beast* [Herói branco, fera negra] desafiaram a aceitação passiva dos papéis sexuais estereotipados por parte dos homens.

Esses livros e as discussões que eles provocaram não tiveram, nem de perto, o mesmo impacto na consciência masculina que os livros feministas concentrados na condição da mulher tiveram na consciência feminina. Na maior parte, esses escritores brancos não buscaram reconceitualizar a masculinidade; o que fizeram foi encorajar os homens a aprender padrões de comportamento anteriormente associados às mulheres. Todos eles concordavam que as mudanças econômicas, juntamente com as mudanças no status das mulheres, haviam produzido uma crise na masculinidade.

Dentro da sociedade capitalista moderna e avançada, o poder masculino foi tradicionalmente visto como sinônimo da capacidade dos homens de prover financeiramente. No entanto, à medida que cada vez mais mulheres tiveram acesso à esfera do trabalho, à esfera do provimento, esse atributo centralmente definidor da masculinidade patriarcal perdeu significado. A igualdade de gênero no mundo do trabalho libertou muitos homens para que expressassem o fato de que não estavam necessariamente interessados no papel de provedores. Muitos homens ficaram felizes com a ideia de que o feminismo estava ensinando as mulheres que elas deveriam pagar as próprias contas. Ao mesmo tempo, à medida que o movimento feminista e a chamada "revolução sexual" mudaram a ideia de que a iniciativa e o ato sexuais eram domínio exclusivo dos homens, outro significante da masculinidade patriarcal perdeu o sentido. As mudanças de gênero que ocorreram na força de trabalho e na política sexual significaram que os papéis sexuais se modificaram para a grande maioria das pessoas, sobretudo para as mulheres; ainda assim, as noções patriarcais de masculinidade permaneceram intactas, mesmo quando elas não tinham um fundamento real. Daí a crise da masculinidade. A ordem social patriarcal tradicional e institucionalizada estava sendo desafiada e alterada, ainda que não houvesse grandes mudanças no pensamento machista.

Os homens que vivenciavam essa crise podiam se apegar por segurança aos pressupostos subjacentes da ideologia patriarcal, ou podiam se aliar aos esforços feministas e lutar para criar novas concepções de masculinidade, novas possibilidades para a formação social da identidade masculina. Os que escolheram essa mudança, que ousaram se aliar ao movimento feminista, muitas vezes eram gays ou bissexuais ou se relacionavam com feministas radicais. Muitas das mulheres nessas relações descobriram que seus companheiros perderam o interesse em transformar a masculinidade depois que o fervor feminista inicial arrefeceu.

A grande mídia convencional, especialmente o cinema e a televisão, refletiam as contradições ao mesmo tempo que continuavam a reforçar o pensamento e a prática patriarcais. A maioria dos homens escolheu não mudar, e a mídia de massa conservadora apoiou sua estagnação. A lealdade continuada dos homens a uma noção de masculinidade que não podia mais ser plenamente realizada nos velhos moldes fez com que pusessem maior ênfase na capacidade de dominar e controlar pela força física e pelo abuso psicológico. Compelidos a trabalhar em uma arena pública onde os homens não tinham mais o controle patriarcal assegurado (a supervisão do trabalho e a chefia de alto escalão podiam estar nas mãos de mulheres), esses homens apenas podiam reproduzir plenamente os rituais de dominação patriarcal na esfera privada. Como consequência, apesar das transformações feministas na área do trabalho, a incidência de violência masculina contra mulheres e crianças se intensificava. A grande mídia, sobretudo os programas de entrevistas na televisão, se concentrava na violência masculina sem conectá-la com o fim do patriarcado. A dominação masculina sobre as mulheres se tornou simplesmente uma nova forma de entretenimento de massa — daí o lucrativo espetáculo do julgamento de O. J. Simpson.[4] Nas relações sociais com outros homens fora do ambiente de trabalho, os homens se viam mais compelidos do que nunca a reproduzir rituais de dominação. Entre homens negros, o homicídio logo se tornou a principal causa de morte na faixa etária de 16 a 45 anos.

No mundo da televisão, os programas infantis nunca interromperam a produção de mitos machistas. Um dos programas infantis mais populares com um subtexto sobre masculinidade era *O Incrível Hulk*. Favorito de meninos de diversas classes e origens raciais, esse programa foi prático no ensino da ideia de que, para o homem, o emprego da força física (brutal e monstruosa) era uma resposta viável em qualquer situação de crise. Quando um sociólogo perguntou a jovens espectadores o que fariam se tivessem o poder do Hulk, eles disseram que arrebentariam a mamãe. Hulk foi o precursor dos brinquedos dos Power Rangers, que ainda são populares, junto a videogames mais recentes que permitem que os meninos se envolvam em jogos de violência ritualizada.

O herói de *O Incrível Hulk*, como muitos dos heróis da televisão e do cinema que vieram na sequência, é o candidato perfeito para ser incluído no livro de Barbara Ehrenreich, *The Hearts of Men: American Dreams and the Flight from Commitment*. Ele é um homem sempre em fuga, incapaz de desenvolver laços duradouros ou intimidade. Cientista de for-

4. O. J. Simpson (1947-2024), famoso jogador negro de futebol americano que, em 1994, foi acusado pelo assassinato da ex-mulher, Nicole Brown. Após um julgamento intensamente midiatizado, foi absolvido. Em 2007, passaria a cumprir pena de prisão por assalto, sequestro e porte ilegal de arma. [N.E.]

mação (a personificação definitiva do homem racional), quando sente raiva transforma-se em uma criatura de cor e comete atos violentos. Depois de praticar a violência, ele volta a sua personalidade racional normal de homem branco. Ele não se lembra dos próprios atos, portanto não pode assumir responsabilidade por eles. Uma vez que é (como o herói de um drama adulto popular, *O Fugitivo* [1993]) incapaz de criar laços emocionais duradouros com amigos ou familiares, não pode amar. Ele floresce no isolamento e na dissociação. Como os homens da geração Beat, como os homens mais recentes da Geração X, ele é o símbolo supremo do homem patriarcal — sozinho, na estrada, sempre à deriva, guiado pela fera interior.

O Incrível Hulk juntou machismo e racismo. O cientista branco tranquilo, equilibrado e racional se transformava numa besta de cor sempre que suas paixões eram despertadas. Atormentado por saber dessa transformação, ele busca uma cura, uma forma de se dissociar da fera interior. Ao escrever sobre a relação entre o racismo e a construção da masculinidade em *White Hero, Black Beast*, Paul Hoch afirma:

> Há, de fato, uma interação íntima entre a concepção predominante de masculinidade ocidental e a de dominação racial (e interespécies). A ideia, originária de mitos e fábulas, é de que o ápice da masculinidade — o "herói branco" — conquista sua virilidade, primordialmente, por meio da vitória sobre a "besta escura" ou sobre as bestas bárbaras de outras raças, nações e castas — em algum sentido, mais "escuras".

Filmes recentes como *MIB — Homens de Preto* [1997], *Independence Day* [1996] e *Matrix* [1999] dependem dessas narrativas racializadas de escuridão contra luz para valorizar a masculinidade branca patriarcal no campo da fantasia. Na vida real, as políticas imperialistas de supremacia branca do governo dos Estados Unidos levam homens brancos a praticar rituais de dominação violentos em um universo habitado por pessoas de pele mais escura, como na Guerra do Golfo [1990-1991] e na guerra mais recente contra o Iraque [2003-2011]. Ao fazer parecer que a masculinidade ameaçadora — o estuprador, o terrorista, o assassino — é na verdade um outro escuro, os patriarcas brancos conseguem desviar a atenção de sua própria misoginia, de sua violência contra mulheres e crianças.

A popularização do rap *gangsta*, liderada por executivos brancos na indústria da música, deu uma voz pública ao patriarcado e ao ódio às mulheres. No entanto, ao promover as vozes de jovens negros (muitos deles, no início, vindos da classe baixa), os homens brancos da classe dominante conseguiam explorar o desejo de seus clientes pelos ornamentos da masculinidade patriarcal (dinheiro, poder, sexo) e, ao mesmo tempo, fazer das suas mensagens antifeministas as lições que os jovens brancos aprenderiam. Assim como os conservadores brancos que controlam o governo dos Estados Unidos usam homens negros — por exemplo, Colin Powell[5] — para pregar o evangelho da guerra para o público (afirmando a ideia de que um outro mais escuro é a ameaça que o heroico homem branco deve aniquilar), a demonização dos homens negros pela mídia de massa, como o epítome da masculinidade patriarcal brutal,

5. Colin Powell (1937-2021), general negro das Forças Armadas dos Estados Unidos que desempenhou as funções de secretário de Estado entre 2001 e 2005, durante o governo do republicano George W. Bush, período que compreendeu o ataque às Torres Gêmeas (2001) e a invasão do Iraque (2003). [N.E.]

desvia a atenção da masculinidade patriarcal dos homens brancos e seu concomitante ódio às mulheres.

Uma das maneiras pelas quais os homens brancos patriarcais usaram a grande mídia para empreender a guerra contra o feminismo foi retratar consistentemente o homem violento que odeia as mulheres como aberrante e anormal. Um exemplo perfeito de como homens brancos patriarcais não medem esforços para negar sua violência patriarcal é oferecido pelo documentário da PBS sobre os assassinos em série que ficaram conhecidos como Hillside Stranglers, ou "estranguladores das colinas". Os telespectadores podem assistir a psiquiatras conversando com um assassino em série branco que matou mulheres adultas e duas meninas. É uma história contada em partes bastante dramáticas e cheias de suspense. Os telespectadores são informados de que um dos acusados é um belo menino branco estadunidense (eu uso a palavra "menino" porque os comentaristas se referem repetidamente às suas qualidades de menino) casado com uma adorável esposa loira e pai de um bebê. Os comentaristas nos informam que ele não tem a aparência de um vilão, de um assassino. Ficamos sabendo que ele é trabalhador, respeitado etc. Todas essas qualidades fizeram com que os detetives e policiais (todos homens brancos) relutassem em prendê-lo. Ele parecia um "suspeito improvável". Mesmo depois de sua prisão, profissionais de saúde mental, também homens brancos, foram levados ao caso para, ao menos, fornecer documentação de que, se esse estadunidense branco de fato cometeu todos esses crimes violentos contra mulheres, ele o fez por insanidade.

Por fim, um médico astuto descobre que o acusado está fingindo insanidade para escapar da cadeia. Ao que parece, ele estudou psicologia antes de cometer seus crimes, para dar a impressão de ser louco. Quando o médico por fim o "desmascara", o estrangulador das colinas afirma: "Uma mulher não é nada para mim. Posso matá-la em um minuto". Ao fim do julgamento, quando o juiz branco lê seus comentários sobre o caso, ele diz aos espectadores que o estrangulador era um misógino, um homem que odiava as mulheres. No entanto, o juiz não relaciona essa misoginia ao patriarcado, ao machismo ou à dominação masculina. Em vez disso, nos é dito que a mãe daquele homem o chicoteava para expressar a raiva que sentia de um marido violento, mau-caráter e apostador. Em última análise, uma mulher é culpada pela violência desse homem contra as mulheres — mais um caso de "ela me obrigou a fazer isso". Nada é falado sobre sua estratégia concebida com tanto cuidado de dissimulação ou sobre a forma como ele enganou muitas mulheres e outras pessoas, fingindo ser um cara legal, personificando o patriarca bondoso.

Desde o surgimento do movimento feminista contemporâneo, o gênero do romance de mistério tem explorado questões feministas como a violência doméstica, o estupro e o incesto para criar vilões misóginos. Vários romances, desde *The Jagged Edge* [A borda cortante] até o mais recente *The Analysand* [O analisando], exploram temas feministas ao mesmo tempo que defendem a necessidade da violência patriarcal. Num mundo real em que mais de 90% dos crimes violentos são cometidos por homens, não surpreende que a cultura popular ofereça modelos masculinos tanto negativos quanto positivos. Homens dominadores que odeiam as mulheres são o tempo todo retratados como solitários, possíveis vítimas de abusos quando crianças e incapazes de se ajustar à sociedade normal.

Ironicamente, esses homens "maus" compartilham os mesmos traços de caráter que os homens "bons" que os caçam e eliminam. Em ambos os casos, os homens dissimulam (assumem várias aparências e disfarces para manipular a percepção dos outros sobre sua identidade), e lhes falta a capacidade de se conectar emocionalmente com os demais.

Em filmes contemporâneos como *Gênio Indomável* [1997] o homem sensível revela ter uma tendência violenta. No enredo, Will é o jovem da classe trabalhadora que tem a oportunidade de se tornar um homem saudável se conseguir enfrentar sua infância traumática e reaprender a sentir. Ele é um retrato cinematográfico de um homem na cultura patriarcal tentando recuperar vínculos. Terrence Real escreve sobre o filme:

> Como nos mostra *Gênio Indomável*, um homem não pode estabelecer vínculos com os outros e permanecer apartado de seu próprio coração. A intimidade gera muitos sentimentos crus. Encará-los é um trabalho necessário para manter a proximidade. No entanto, o estoicismo da desconexão, a estratégia de evitar os próprios sentimentos, é precisamente o valor que é ensinado aos meninos [...]. A empatia consigo e com os outros se encontra num campo que permanece desvalorizado e inexplorado — o domínio das mulheres [...]. Tanto as raízes da dor de Will quanto seu privilégio de fugir dela, impondo-a àqueles com quem ele mais se importa, estão no coração do patriarcado — o código masculino no qual todos os meninos são iniciados.

Esse código patriarcal é passado de geração em geração. O premiado filme *A Última Ceia* [2001] retrata três gerações de homens brancos: o patriarca dominante, que é vítima de uma vida difícil, bebe e fuma; seu filho obediente, que trabalha como carcereiro; e a terceira geração, o neto, que segue os passos dos mais velhos.

Para concretizar o ideal masculino patriarcal, esses homens brancos têm de aprender a se desconectar de seus sentimentos. O patriarca dominante se dirige ao filho com agressões verbais, dizendo que "sua mãe não era merda nenhuma". A humilhação é o modo pelo qual ele mantém o controle. Racista e misógino, ele é seguido cegamente pelo filho até o momento em que o neto, tido como fraco por ser antirracista e capaz de ter sentimentos, confronta o pai. O menino pergunta por que o pai não o ama e se mata com um tiro na boca. O suicídio encerra o ciclo patriarcal e leva à transformação do pai, que busca redenção entre os negros que antes odiava. Nenhum outro filme contemporâneo expõe o mal do patriarcado com tanta maestria quanto *A Última Ceia*. O caminho para a redenção requer o repúdio ao domínio patriarcal do homem branco. Mas, como em muitos filmes que retratam homens resistindo ao patriarcado, no final, a mudança é simplesmente uma passagem do patriarca dominador e violento para um patriarca bonzinho e benevolente.

Livros e filmes contemporâneos apresentam retratos cristalinos dos males do patriarcado sem oferecer nenhuma direção para a mudança. Em última análise, eles passam a mensagem de que a sobrevivência masculina depende da manutenção de algum vestígio do patriarcado. Em *A Última Ceia*, o homem que é de fato diferente, que é humanista, sentimental, antirracista, e que deseja passar da objetificação pornográfica patriarcal para a intimidade genuína, é uma vítima: ele se mata. Ao assistir a esse filme, nenhum homem ficará inspirado a desafiar o sistema de verdade. Em outro longa, *A Estranha Família de Igby* [2002], o pai, que tem contato com seus sentimentos, é esquizofrênico. Quando ele compartilha com o filho a sensação de ser incapaz de suportar o peso da responsabilidade patriarcal, Igby não consegue se conectar emocionalmente. Impulsionado pelo ódio que sente pela mãe, Igby abraça a crueldade do mundo ao redor e só escapa de ser violento ao optar por se tornar um fugitivo, um homem que vaga em busca de uma identidade que não consegue encontrar. A grande maioria dos filmes contemporâneos passa a mensagem de que os homens não podem se desviar de sua besta interior. Eles podem fingir, podem dissimular, mas nunca podem destruir o controle do patriarcado sobre sua consciência.

Até que possamos criar uma cultura popular que acolha e celebre a masculinidade sem defender o patriarcado, nunca veremos uma mudança na forma como a maioria dos homens pensa a respeito da natureza de sua identidade. Em *Gênio Indomável*, ao se deparar com a possibilidade de conhecer o amor, Will deve fazer uma escolha: deve abandonar os sentimentos de inutilidade e vergonha gerados por seu passado traumático; deve escolher a vida em vez da morte. Sua escolha de amar, de viver, é a ruptura com o modelo patriarcal que liberta seu espírito. Como espectadores, celebramos a nova consciência que adquire de sua bondade essencial, sua redenção. Sua recuperação nos dá esperança.

A grande mídia é um veículo poderoso para ensinar a arte do possível. Homens esclarecidos devem reivindicá-la como espaço para sua voz pública e criar uma cultura popular progressista que ensine os homens a se conectar com as outras pessoas, a se comunicar, a amar.

09.
a cura do espírito masculino

Na cultura patriarcal, homens não devem expressar sua dor. Meninos aprendem isso logo na primeira infância. Quando menina, eu ficava fascinada com um homem da minha igreja, um diácono, que diante da congregação falava sobre seu amor pelo espírito santo. Muitas vezes, no meio de seu testemunho, ele começava a chorar, vertendo lágrimas em um grande lenço branco. As meninas e os meninos que presenciavam essas lágrimas ficavam constrangidos por ele, pois as consideravam um sinal de fraqueza. Quando chorava, os homens ao seu lado desviavam o olhar. Sentiam vergonha de ver um homem expressar um sentimento intenso.

Rememorei esse lindo homem de sentimentos na autobiografia da minha infância, *Bone Black*:

> Para sua cabeça de criança, os idosos eram os únicos homens de sentimento. Eles não chegavam a ninguém cheirando a álcool e água de colônia. Chegavam como borboletas, movendo-se leves e bonitos, parando apenas por um momento [...]. Eles eram os homens de pele marrom e de rosto grave que eram os diáconos da igreja, os braços direitos de Deus. Eram os homens que choravam quando sentiam seu amor, que choravam quando o ministro falava sobre o devoto bom e fiel. Puxavam lenços amassados do

> bolso e vertiam lágrimas neles, como se estivessem derramando leite num copo. Ela queria beber aquelas lágrimas que, como leite, podiam nutri-la e ajudá-la a crescer.

Para combater as representações patriarcais dos homens como seres sem sentimentos, eu tenho buscado, tanto nos livros que escrevo para adultos quanto nos que escrevo para crianças, criar imagens de homens que demonstram sua beleza e integridade de espírito.

Embora raramente usemos a palavra "patriarcado", todos sabemos como a masculinidade machista ataca o espírito dos homens. Ainda que se equivoque em sua implícita responsabilização das mulheres pela apatia emocional dos homens, o poeta Robert Bly clamou aos homens para que encontrassem o Homem Selvagem dentro de si, na esperança de que, num lugar seguro, deixariam seus corações falar, que uivariam, e chorariam, e dançariam, e brincariam, e encontrariam o espírito dentro de si. É claro que os homens que participavam de oficinas como as que Bly conduzia se soltavam por um momento — e então partiam de volta para seu mundo patriarcal, deixando o espírito selvagem para trás. Qualquer pessoa que leia *João de Ferro*, de Robert Bly, pode ouvi-lo culpar a mãe. Bly está certo em demandar que todos olhemos para o papel que a mãe exerce em asfixiar o espírito dos meninos, mas falha em não reconhecer que essas mães, em seus atos de sadismo maternal, fazem, na verdade, o trabalho do cuidado patriarcal, implementando o que lhes foi ensinado que uma boa mãe deve fazer.

É bastante irônico que vivamos um período em que nos dizem para questionar se as mães são capazes de educar os filhos, quando tantos homens patriarcais aprenderam com a mãe as crenças e os valores do patriarcado, em primeira mão. Muitas mães na cultura patriarcal expressam sua raiva dos homens adultos direcionando-a contra os filhos. Em *O poder da parceria*, Riane Eisler explica:

> Algumas mulheres voltam sua raiva reprimida contra homens que percebem como fracos e vulneráveis — os filhos, por exemplo. O psicólogo David Winter constatou que mulheres que vivem em países ou períodos de dominação masculina extrema tendem a ser muito controladoras com os filhos, os únicos homens em quem é seguro descontar. Com frequência, mulheres nessas circunstâncias são sutilmente, ou não tão sutilmente, violentas com os filhos.

Muitas mulheres na cultura patriarcal silenciam o espírito livre dos filhos, o espírito de encantamento e ternura lúdica, por medo de que eles fiquem fracos, de que não estejam preparados para ser machos, homens de verdade, homens que outros homens vão invejar e admirar.

Grande parte da raiva que homens direcionam às mães é uma resposta ao fracasso maternal na proteção do espírito do menino contra os danos patriarcais. Em uma das sessões de terapia familiar sobre as quais Terrence Real escreve em *How Can I Get Through to You?*, um filho relata o momento em que a cultura patriarcal se insere no vínculo emocional com sua mãe, e a aquiescência dela: "Ela me dizia: 'Deixe-me ir, querido. Apenas me deixe ir. Sabemos que seu pai é um bruto. Vivemos juntos em um mundo de sentimentos refinados que ele nunca entenderá. Mas você sabe, querido, estou de mãos atadas, não é? O que eu posso fazer?'". Todos os dias, mães encerram cruel e brutalmente seus vínculos emocionais com meninos para entregá-los ao patriarcado, seja a um pai insensível real ou a um pai simbólico. Os meninos sentem a dor e não têm onde colocá-la; eles a carregam dentro de si, levam-na para o lugar onde ela é convertida em raiva.

Aprendendo a dissimular, os homens aprendem a acobertar sua raiva, seu senso de impotência. Todavia, quando homens criam uma identidade falsa para manter a dominação masculina, ficam sem uma base sólida sobre a qual se possa construir uma autoestima saudável. Vestir uma máscara para afirmar a presença masculina é viver na mentira, é ser perpetuamente privado de um senso autêntico de identidade e bem-estar. Essa falsidade faz com que os homens sintam uma dor emocional intensa. Rituais de dominação ajudam a mediar a dor. Fornecem um senso ilusório de si, uma identidade. O poeta e fazendeiro Wendell Berry, em *The Unsettling of America: Culture and Agriculture* [A perturbação dos Estados Unidos: cultura e agricultura], sugere que,

> se removêssemos o prestígio e as compensações dos feitos destrutivos que classificamos como "másculos", os homens se veriam em sofrimento tanto quanto as mulheres. Se veriam em sofrimento pela mesma razão: encontram-se exilados da comunhão entre homens e mulheres, que é a conexão mais profunda com a comunhão de todas as criaturas.

Muitos homens em nossa sociedade não têm nenhum prestígio, nenhum privilégio; não recebem nenhuma compensação voluntária, nenhuma vantagem do patriarcado capitalista. Para esses homens, o ato de dominar mulheres e crianças pode ser a única oportunidade de afirmar uma presença patriarcal. Esses homens sofrem. Sua angústia e desespero não tem limites ou fronteiras. Sofrem em uma sociedade que não quer que os homens mudem, que reconstruam a masculinidade de modo que a base da formação social da identidade masculina não tenha raízes numa ética de dominação. Em vez de reconhecer a intensidade de seu sofrimento, eles o dissimulam. Eles fingem. Agem como se tivessem poder e privilégio quando na verdade se sentem impotentes. A incapacidade de reconhecer a profundidade da dor masculina dificulta aos homens contestar e transformar a masculinidade patriarcal.

Vínculos emocionais rompidos com mães e pais, os traumas do abandono e da negligência emocional que tantos homens vivenciaram e não conseguem nomear, danificaram e dilaceraram o espírito dos homens. Muitos homens são incapazes de expressar seu sofrimento. Como as mulheres, aqueles que sofrem mais se agarram aos próprios agentes de seu sofrimento, recusando-se a resistir ao machismo ou à opressão machista. Sua recusa tem raízes no medo de que sua fraqueza seja exposta. Eles temem reconhecer a profundidade de sua dor. À medida que sua dor se intensifica, também aumenta sua necessidade de praticar violência, de dominar coercivamente e agredir os outros. Barbara Deming explica: "Penso que o motivo pelo qual homens são tão violentos é que eles sabem, no fundo, que estão encenando uma mentira, e por isso ficam furiosos. Não se pode ser feliz vivendo uma mentira, e então eles se enfurecem ao serem pegos na mentira. Porém, eles não sabem como sair dela, e simplesmente se afundam ainda mais". Para muitos homens, o momento de conexão violenta pode ser a única intimidade, a única proximidade ao alcance, o único espaço no qual a agonia encontra um escape. Quando mulheres feministas insistem que todos os homens são opressores poderosos que vitimizam a partir de um lugar de poder, elas ofuscam a realidade de que muitos deles vitimizam a partir de um lugar de vitimização. A violência que praticam contra os outros costuma ser um espelhamento da violência praticada sobre e dentro de si. Muitas feministas radicais têm tanta raiva da dominação masculina que não conseguem reconhecer a possibilidade do sofrimento masculino, ou perdoar. A ausência de um exame da vitimização dos homens nos impede de compreender a masculinidade, de descobrir um espaço de conexão que poderia levar mais homens a buscar a transformação feminista. Exortando as mulheres a superar o medo da raiva masculina, Barbara Deming escreve que os homens "sentem raiva porque estão encenando uma mentira — o que significa que, em alguma parte profunda de si, querem se libertar dela, sentem saudade da verdade". Ela explica que "a fúria deles nos dá motivos para temer, mas também nos dá motivos para ter esperança".

Tem sido terrivelmente difícil para as adeptas do feminismo criar novas formas de pensar sobre o homem, paradigmas feministas para a reconstrução da masculinidade. Apesar dos sucessos do movimento feminista, a socialização dos meninos — a construção da identidade masculina patriarcal — não foi radicalmente alterada. Escritos feministas, sejam de ficção ou teoria, raras vezes enfocam a mudança masculina. Sempre fico perturbada quando alunos homens pedem referências de literatura que possa servir como guia no seu esforço de questionar o patriarcado e criar identidades progressistas.

Há tão pouco para lhes oferecer. Por outro lado, posso oferecer inúmeras referências a qualquer aluna que me diga que está tentando entender criticamente e mudar papéis sexistas femininos. Precisamos ter mais trabalhos feministas voltados especificamente aos homens. Eles precisam de projetos feministas para a transformação.

Em uma disciplina de teoria feminista, pedi aos alunos que comentassem um livro, filme, programa de televisão ou qualquer experiência pessoal que lhes oferecesse exemplos de masculinidade reconstruída em moldes feministas. Em uma classe de mais de quarenta alunos, houve poucas respostas positivas. Vários alunos falaram sobre o antigo filme de John Sayles, *O Irmão que Veio de Outro Planeta* [1984], e seu filme mais recente, *A Terra do Sol* [2002]. Chamei a atenção para o romance de Alice Walker, *A cor púrpura*. Geralmente, quando esse romance é discutido, a transformação de Celie de objeto em sujeito recebe atenção, mas ninguém fala sobre o fato de que o romance também narra a transformação de Albert, seu afastamento da masculinidade patriarcal rumo a um eu carinhoso e cuidadoso, apto a fazer parte da comunidade.

Na ficção feminista emergem papéis radicalmente novos para os homens. Como fantasia, *A cor púrpura* fornece uma visão utópica do processo de mudança de homens que incorporam uma masculinidade machista destrutiva. Em *A cor púrpura*, Walker retrata as técnicas de dominação patriarcal usadas pelos homens para manter o poder no lar, escrevendo relatos gráficos de abuso e terrorismo; porém, ela também retrata o processo por meio do qual o homem dominador adquire uma nova consciência e novos hábitos de existência.

Sua visão utópica da transformação masculina não põe o ônus da mudança unicamente nos homens.

Celie também precisa mudar suas atitudes em relação aos homens. Ela deve não apenas aceitar a transformação de Albert, mas entendê-lo e perdoá-lo. A aceitação dela permite que ele volte à comunidade e abrace uma visão de parceria mútua. No final do romance, Celie diz sobre Albert:

> Depois de toda a maldade que ele já fez eu sei que você fica espantada porque eu num odeio ele. E num odeio ele por duas razão. Uma, ele ama Shug. E duas, Shug amava ele. E além disso, porque parece que ele tá tentando fazer alguma coisa dele mesmo. Eu num digo isso só porque ele tá trabalhando e faz a limpeza e aprecia algumas coisa que Deus criou por diversão. Eu digo porque quando você fala com ele agora ele escuta realmente, e uma vez, quando a gente tava conversando, ele falou de repente, Celie, eu tô convencido que essa é a primeira vez queu tô vivendo na terra como um homem de verdade. É uma experiência nova.

Para mudar, Albert precisa entender por que foi violento com as mulheres. Ele localiza essa vontade de violentar no trauma de sua criação, quando é coagido a se pôr contra seu verdadeiro eu, como parte de sua doutrinação no patriarcado. Desumanizando a si, é fácil para ele se sentir justificado em desumanizar os outros. Perto do final do livro, Albert se torna um pensador contemplativo que busca entender a razão da existência humana. Ele diz:

> Eu mesmo acho que a gente tá aqui pra se adimirar. Pra adimirar. Pra perguntar. E adimirando as grandes coisa e perguntando sobre

> as grande coisa é que a gente vai aprendendo as coisa pequena, quase que por acaso. Mas a gente nunca sabe mais sobre as grandes coisa do que sabia quando começou. Quanto mais eu admiro as coisa, ele falou, mais eu amo.

Como patriarca, Albert era incapaz de amar.

Diferentemente do personagem fictício de Walker, Albert, a maioria dos homens não é compelida a mudar por circunstâncias fora de seu controle. A maioria dos homens que passa por uma crise da masculinidade não sabe a quem recorrer para buscar mudanças. No filme *Voltando a Viver: Antwone Fisher* [2002], baseado em uma história real, o jovem negro problemático expressa sua crise dizendo: "Não sei o que fazer". Um futuro feminista para os homens pode possibilitar a transformação e a cura. Como feministas que buscam acabar com o machismo e a opressão sexista, devemos ter a disposição de ouvir os homens expressarem a sua dor. Somente quando enfrentarmos corajosamente a dor masculina, sem desprezo, apresentaremos aos homens o modelo de consciência emocional que a cura exige.

Para se curar, os homens devem aprender a sentir novamente. Devem aprender a quebrar o silêncio, a expressar a dor. Em geral, para falar sobre a dor, os homens buscam primeiro as mulheres em sua vida — e não são ouvidos. De muitas formas, as mulheres aderiram à mística masculina patriarcal. Solicitadas a serem testemunhas de um homem que expressa sentimentos, a ouvir esses sentimentos e responder, elas podem simplesmente dar de ombros. Houve um tempo em que eu costumava pedir ao meu parceiro que me contasse seus sentimentos. No entanto, quando ele começava a falar, eu o interrompia ou o silenciava chorando, passando-lhe a mensagem de que seus sentimentos eram pesados demais para alguém suportar, então era melhor que ele os guardasse para si. Como nos lembra a tirinha de *Sylvia* que mencionei anteriormente, as mulheres têm medo de ouvir os sentimentos dos homens. Eu não queria ouvir a dor do meu parceiro porque ouvi-la exigia que eu renunciasse ao meu investimento no ideal patriarcal do homem como protetor dos feridos. Se ele estava ferido, como poderia me proteger?

À medida que amadureci, à medida que minha consciência feminista se desenvolveu para reconhecer a violência patriarcal contra os homens, pude ouvir a dor masculina. Eu podia ver os homens como camaradas e companheiros de viagem na jornada da vida, e não como se existissem apenas para fornecer apoio prático. Uma vez que os homens ainda precisam organizar um movimento feminista masculino que proclame os direitos dos homens à consciência e à expressão emocional, não sabemos quantos deles de fato já tentaram expressar sentimentos apenas para ver as mulheres de seu convívio se afastarem ou perderem o interesse. Ao conversar com homens, fico chocada quando alguns confessam ter compartilhado sentimentos intensos com um amigo apenas para que esse amigo interrompesse e silenciasse o compartilhamento, não respondesse ou se afastasse. Homens de todas as idades que queiram falar sobre sentimentos geralmente aprendem a não procurar outros homens. E, se forem heterossexuais, é muito mais provável que tentem compartilhar com mulheres com quem tenham relações sexuais. As mulheres falam sobre o fato de que conversas íntimas com os homens costumam ocorrer nos breves momentos antes e depois do sexo. E é claro que nossa grande mídia fornece repetidamente a imagem do homem que procura uma profissional do sexo para compartilhar seus sentimentos porque não há intimidade nesse relacionamento e, portanto, nenhum risco emocional real.

Ser "vulnerável" é um estado emocional que muitos homens procuram evitar. Alguns homens passam a vida inteira tomados por um alheamento que lhes impede de experimentar a intimidade. Infelizmente, todas conspiramos com o patriarcado ao dissimular diante dos homens e fingir níveis de intimidade e proximidade que não sentimos. Dizemos aos homens que os amamos quando não temos a menor ideia de quem eles realmente são. Dizemos a nossos pais que os amamos quando morremos de medo de compartilhar nossas percepções sobre eles, nosso medo de que, se discordarmos, seremos expulsas, excomungadas. Assim, todas conspiramos com a cultura patriarcal para fazer os homens pensarem que podem ter tudo, que podem abraçar a masculinidade patriarcal e ainda ter pessoas amadas por perto. Na verdade, quanto mais patriarcal é um homem, mais desconectado ele precisa ficar dos sentimentos. Se ele não pode sentir, não pode se conectar. Se ele não pode se conectar, não pode ter intimidade.

Não por acaso, Terrence Real sugere que a maioria dos homens não sabe o que é intimidade, que o "mundo hierárquico da masculinidade deixa pouco espaço para a ternura [...] a pessoa é controlada ou controladora, dominadora ou dominada". Ele compartilha a poderosa reflexão de que, "quando os homens falam sobre temer a intimidade, o que realmente querem dizer é que temem a subjugação". Esse medo da subjugação costuma ser desencadeado pelo fato de os meninos criados por mulheres patriarcais serem controlados por meio de seu desejo de proximidade materna. No sadismo materno, a mulher manipuladora explora a vulnerabilidade emocional do menino para prendê-lo à sua vontade, para subjugá-lo. Essa experiência inicial reside no cerne do medo de muitos homens de ter intimidade com uma mulher adulta — e pode explicar por que tantos homens na cultura patriarcal buscam intimidade com meninas ou mulheres jovens o suficiente para serem suas filhas.

Há pouca discussão feminista sobre o sadismo materno em relação aos meninos porque é difícil para as pensadoras feministas encontrar uma linguagem para nomear o poder que as mães exercem sobre as crianças em uma cultura patriarcal quando, no contexto social mais amplo, as mães são tão destituídas de poder. No entanto, pode ser essa impotência em relação aos homens adultos no patriarcado o que leva tantas mulheres a exercer poder emocional sobre os meninos de maneira prejudicial. Por essa razão, lares monoparentais onde as mães são disfuncionais e o sadismo materno é abundante são lugares tão insalubres para criar meninos quanto lares disfuncionais com pai e mãe, onde o sadismo materno é a norma. Em lares biparentais, o menino pode ter a sorte de ter um homem adulto que serve para intervir contra o sadismo materno, que atua como uma testemunha compreensiva. Essa intervenção está ausente na família chefiada por uma mulher.

As mulheres não são inerentemente mais amorosas do que os homens; mulheres podem cuidar e ainda assim ser abusivas no âmbito emocional. Há uma tendência tão forte na cultura patriarcal de simplesmente supor que as mulheres são amorosas e capazes de intimidade que o fracasso feminino em adquirir as habilidades relacionais que tornam a intimidade possível muitas vezes passa despercebido. A maioria das mulheres somos encorajadas a aprender habilidades relacionais, mas a autoestima prejudicada pode nos impedir de aplicar essas habilidades de maneira saudável. Se quisermos começar a criar uma cultura na qual a masculinidade feminista possa prosperar, as mulheres que são mães precisarão se educar para uma consciência crítica. No futuro próximo, podemos esperar ter mais dados para nos mostrar como os meninos se saem melhor quando têm pais amorosos, juntos ou separados, que os ensinem como construir intimidade. Enquanto isso, criemos o espaço onde os homens que carecem de habilidades relacionais possam aprendê-las.

Como Zukav e Francis declaram corajosamente em *O coração da alma*, "intimidade e busca de poder externo — a habilidade de manipular e controlar — são incompatíveis". Antes que a maioria dos homens possa ter intimidade com outrem, eles precisam ter intimidade consigo mesmos. Precisam aprender a sentir e a ficar cientes de seus sentimentos. Homens que mascaram seus sentimentos ou apenas os reprimem não querem sentir dor. Como a dor emocional é o sentimento que a maioria dos homens encobre, entorpece ou bloqueia, a jornada de volta ao sentimento frequentemente passa pelo portal do sofrimento. Grande parte da raiva masculina encobre esse lugar de sofrimento: esse é o segredo tão bem guardado. Muitas vezes, quando uma mulher se aproxima da dor masculina, transpondo a máscara masculina para perceber a vulnerabilidade emocional que há por trás, ela se torna um alvo para a raiva.

A vergonha da vulnerabilidade emocional costuma ser o que os homens fechados emocionalmente procuram esconder. Uma vez que a vergonha costuma ser usada para socializar os meninos, afastando-os de seus sentimentos em direção à máscara masculina patriarcal, muitos homens adultos têm uma voz interna de vergonha. Estudos indicam que pais patriarcais raramente são mortos por seus filhos; mães são assassinadas com mais frequência, pois a raiva que muitos homens sentem das humilhações por parte do pai costuma ser transferida para figuras femininas de autoridade. Com as mulheres, em especial, o menino ferido dentro do homem pode se enfurecer sem medo de represálias. Quanto mais íntima a relação, maior é a probabilidade de ela ser tanto o alvo da raiva quanto a guardiã do segredo, sem contar a ninguém que ele é viciado na raiva. Isso é especialmente verdadeiro nos casos em que o homem enfurecido é um filho batendo na mãe ou nos irmãos mais fracos. É raro ouvir falar em nossa cultura sobre a violência dos filhos, sobretudo de meninos adolescentes, contra a mãe. Agora que tantos homens solteiros adultos voltam para casa para viver com a mãe ou mesmo nunca saem de casa, há um problema crescente de discórdia doméstica, tanto emocional quanto física, que está oculto.

O terrorismo íntimo em casais formados por homem e mulher é identificado como um problema, particularmente o abuso emocional. No entanto, muito pouco se fala sobre o terrorismo íntimo entre filhos adultos e pais e mães. O filme *A Professora de Piano* [2001] mostra de forma gráfica a violência sadomasoquista que pode existir entre pais e filhos, assumindo a forma de abuso emocional e físico. Nesse filme, os adultos em questão são mulheres, e o público pode interpretar o que vê conforme as noções sexistas tradicionais de competição feminina. Contudo, na vida real, há uma quantidade tremenda de abuso emocional em relações entre mãe solo e filho adulto que não é mencionada. As mulheres na cultura patriarcal são habituadas a encobrir e esconder a violência masculina, ainda mais quando o culpado é o filho e a vítima, a mãe. Essas situações de intimidade doentia existem devido ao fracasso de nossa cultura em ensinar às mulheres e aos homens o que é intimidade. E, enquanto as mulheres continuarmos sendo as cuidadoras parentais primárias, teremos a maior parte da responsabilidade de aprender como gerar intimidade e de compartilhar esse conhecimento com meninos e meninas.

Aprender a ter intimidade é uma habilidade relacional que nos ensina o valor do autoconhecimento. Ao oferecer uma definição mais ampla e profunda de intimidade do que a antiga noção de apenas estar vulnerável e próximo de alguém, Gary Zukav e Linda Francis afirmam que você "constrói intimidade quando passa da busca por poder externo — a capacidade de manipular e controlar — à busca do poder autêntico — o alinhamento de sua personalidade com sua alma". Nos últimos anos, vários livros de autoajuda passaram a incitar os leitores a cuidar da alma. Obras desse tipo — como os de James Hillman, Thomas Moore e Gary Zukav — se tornaram best-sellers nacionais. Ironicamente, esses homens falam da necessidade de cuidar de nossa alma como se o caminho para esse cuidado fosse o mesmo para todos, mulheres e homens. Na introdução de *Care of the Soul* [O cuidado da alma], de Thomas Moore, ele escreve:

> Trabalho gratificante, relacionamentos recompensadores, poder pessoal e alívio dos sintomas são dons da alma. Eles são particularmente elusivos em nosso tempo porque não acreditamos na alma e, portanto, não lhe damos lugar em nossa hierarquia de valores [...]. Vivemos em um período de divisão profunda, em que a mente é separada do corpo, e a espiritualidade está em conflito com o materialismo. Mas, como escapar dessa divisão?

Os pensadores visionários acreditam que, ao expor como a lógica da dominação criou essa divisão e ao escolher o modelo de interexistência e interdependência, podemos começar o trabalho de restauração da integridade, e com a integridade vem o cuidado da alma.

Homens presos na lógica da masculinidade patriarcal têm dificuldade de acreditar que a alma importa. Talvez seja um viés patriarcal que leva Thomas Moore a sugerir, na conclusão de seu apelo para que todos cultivemos a alma, que "cuidar da alma não é um projeto de autoaperfeiçoamento [...]. Não tem nenhuma relação com viver adequadamente ou com saúde emocional". Essa necessidade de negar a relação do cuidado da alma com o autocuidado é em si um indicativo das próprias divisões binárias na consciência tão criticadas por Moore. Não há quem cuide da alma corretamente e não experimente uma melhora no seu bem-estar emocional.

Os homens precisam ouvir que a alma é importante e que cuidar da alma é a tarefa principal de seu ser. Se todos os homens estivessem buscando descobrir uma maior presença de alma em sua vida em vez de buscar o poder por meio de um modelo de dominação, o mundo como o conhecemos seria transformado para melhor.

Não pode ser um mero acidente do destino que os mestres visionários que nos oferecem mensagens sobre formas de cuidar da alma que irão aprimorar a vida no planeta sejam homens não brancos de países pobres, homens que vivem no exílio, homens que foram vítimas da violência masculina imperialista. Dois homens que me vêm à mente são o Dalai Lama e o monge budista vietnamita Thích Nhất Hạnh. Em *Uma ética para o novo milênio*, o Dalai Lama clama por uma revolução espiritual. Ele compartilha sua crença de que todos os seres humanos desejam a felicidade e de que a principal característica da felicidade genuína é a paz interior, que ele associa ao desenvolvimento do cuidado com os outros. Sua mensagem comovente ecoa a das pensadoras feministas que dizem ao mundo que os homens podem curar o espírito desenvolvendo habilidades relacionais — a capacidade de sentir empatia, de cuidar dos outros.

A existência de mestres visionários que oferecem orientação espiritual a homens e mulheres é um lembrete constante de que o coração dos homens é transformado pelo amor e pela compaixão. Constantemente, o Dalai Lama nos ensina sobre a necessidade de cultivar a prática da compaixão. Independentemente de se um dia os homens vão se empenhar pelo fim do patriarcado, o fato é que qualquer homem que escolha o caminho da compaixão cura o espírito e se afasta da dominação. O Dalai Lama oferece esta sabedoria:

> A compaixão é um dos principais elementos que tornam nossa vida significativa. É a fonte de toda felicidade e alegria duradouras. E é a base de um bom coração. Pela bondade, pelo afeto, pela honestidade, pela verdade e pela justiça para com todos, asseguramos o nosso próprio bem. Essa não é uma questão para teorizações complexas. É uma questão de bom senso [...]. Não há como negar que nossa felicidade está inextricavelmente ligada à felicidade dos outros. Não há como negar que, se a sociedade sofre, nós mesmos sofremos [...]. Assim, podemos rejeitar tudo o mais: religião, ideologia, toda a sabedoria convencional. Mas não podemos escapar da necessidade de amor e compaixão.

Este é o cuidado da alma para o qual homens e mulheres devem atentar se quisermos sustentar a vida no planeta, se quisermos viver bem e plenamente.

A maioria dos homens em nossa sociedade acredita em poderes superiores e, no entanto, aprenderam a desvalorizar a vida espiritual, a violar seu próprio senso do sagrado. Portanto, o trabalho de restauração espiritual — de ver as almas dos homens como sagradas — é essencial se quisermos criar uma cultura na qual os homens possam amar. Quando o coração dos homens está cheio de compaixão e aberto ao amor, como afirma o Dalai Lama, "não há necessidade de templo ou igreja, de mesquita ou sinagoga, não há necessidade de filosofia, doutrina ou dogma complicados, pois nosso próprio coração, nossa própria mente, é o templo, e a doutrina é a compaixão".

Quando o movimento feminista contemporâneo estava no ápice de sua militância, aquelas de nós que adorávamos divindades masculinas éramos levadas a sentir, muitas vezes, como se fôssemos traidoras. No entanto, muitas de nós achávamos especialmente útil, para manter nosso amor pelos homens e o apreço pela sacralidade da alma masculina, separar a ideologia patriarcal das poderosas imagens de cuidado, bondade e amor incorporadas nas figuras religiosas masculinas. Muitas de nós, filhas feridas de origem cristã, achávamos útil meditar todos os dias no Salmo 23, porque ele evocava para nós a imagem de um pai que cuida de nossa alma, afirmando e assegurando que sobreviveríamos, que a bondade e a misericórdia nos seria concedida, e que o pai nos manteria para sempre sob seus cuidados.

Essa imagem de paternidade amorosa incorpora a masculinidade feminista em sua forma mais divina. Ao curar o espírito, ao cuidar da alma de meninos e homens, devemos ousar proclamar nossa adoração, curvar-nos não ao homem como dominador, mas ao homem como espírito divino corporificado com quem podemos nos unir em amor, sem ameaça de separação, conhecendo um amor perfeito e sem medo.

10.
recuperar a integridade masculina

Curar a crise no coração dos homens requer de todos nós disposição para enfrentar o fato de que a cultura patriarcal exige que eles sejam almas divididas. Há homens que não sucumbiram a essa exigência, mas a maioria abdicou da capacidade de ser inteiro. A busca pela integridade é a jornada heroica que pode curar a crise da masculinidade e preparar o coração dos homens para dar e receber amor.

Aprender a se mascarar (uma palavra que, de início, já soa como "masculinidade") é a primeira lição de masculinidade patriarcal que um menino aprende. Ele aprende que seus sentimentos básicos não podem ser expressos se não se conformarem aos comportamentos aceitáveis que o machismo define como "masculinos". Instados a desistir de seu verdadeiro eu para realizar o ideal patriarcal, os meninos aprendem cedo a trair a si mesmos — e são recompensados por esses atos de assassinato da alma. O terapeuta John Bradshaw explica a divisão que ocorre quando uma criança descobre que a maneira como ela organicamente se sente não é aceitável. Em resposta à lição de que seu verdadeiro eu é inadequado e errado, o menino aprende a vestir uma identidade falsa. Bradshaw explica:

> A sensação de que fiz algo errado, que realmente não sei o que é, de que há alguma coisa terrivelmente errada com meu próprio ser, leva a um sentimento de desesperança total. Essa desesperança é o corte mais profundo do estado mistificado. Significa que não há perspectiva para mim como sou; que não posso ter importância ou ser digno do amor de alguém enquanto permanecer eu mesmo. Devo encontrar uma maneira de ser outra pessoa — uma pessoa que possa ser amada. Alguém que não sou eu.

Papéis sexistas restringem a formação da identidade de crianças tanto do sexo masculino como do feminino, mas o processo é muito mais prejudicial para os meninos, porque, além de os papéis exigidos deles serem mais rígidos e limitadores, os meninos são muito mais propensos a receber punições severas quando se desviam desses papéis.

O movimento feminista contemporâneo criou um espaço socialmente aceito no qual as meninas podem desenvolver um sentido de identidade distinto das definições sexistas. A mesma liberdade não foi estendida aos meninos. Não é de se admirar que os meninos na cultura patriarcal continuem a tradição de criar uma falsa identidade, de serem divididos. Essa divisão na psique e na alma dos meninos e dos homens costuma ser caracterizada pela capacidade de compartimentar. É um processo fundamentalmente prejudicial, e terreno fértil para doenças mentais. Quando os homens são obrigados a usar a máscara de um falso eu, sua capacidade de viver de maneira plena e livre é severamente diminuída. Eles não conseguem experimentar alegria e não podem nunca amar de verdade.

Quem tem um falso eu só pode ser desonesto. Pessoas que aprendem a mentir para si mesmas e para os outros não podem amar porque estão mutiladas em sua capacidade de dizer a verdade, tornando-se, portanto, incapazes de confiar. Esse é o cerne do dano psicológico causado aos homens pelo patriarcado. É uma forma de abuso que essa cultura continua a negar. Meninos socializados para se tornarem patriarcas estão sofrendo abusos. Como vítimas de abuso infantil por meio da socialização em direção ao ideal patriarcal, os meninos aprendem que não são dignos de amor e, de acordo com Bradshaw, que "relacionamentos são baseados em poder, controle, sigilo, medo, vergonha, isolamento e distância". Essas são as características que costumam ser admiradas no homem adulto patriarcal.

Ferir meninos no âmbito emocional é socialmente aceitável e até exigido na cultura patriarcal. Negar-lhes o direito de ser inteiros, de ter integridade, não apenas é incentivado: é visto como a maneira certa de conduzir as coisas. Terrence Real diz que "forçamos nossos filhos a abandonar a plenitude e a conexão com que começam a vida", depois os encorajamos "a enterrar seu eu mais profundo, a deixar de falar ou de prestar atenção à verdade, a suspeitar, ou até desdenhar, do estado de intimidade que todos nós, por nossa natureza, mais desejamos". Ao expor a dura realidade do impacto psicológico do patriarcado, Real tem a coragem de dizer esta verdade: "Vivemos em uma cultura antirrelacional e de desprezo pela vulnerabilidade, que não apenas falha em nutrir as habilidades de conexão, mas ativamente as teme". Ensinar os meninos a desprezar sua vulnerabilidade é uma maneira de socializá-los para que se entreguem a um assassinato autoinfligido da alma. Essa ferida no espírito masculino, causada por práticas aprendidas de cisão, dissociação e desconexão, só pode ser curada pela prática da integridade.

Os homens machucados precisam recuperar todas as partes do eu que abandonaram para atender às necessidades da masculinidade patriarcal. Essa recuperação é a base necessária para restaurar a integridade do ser masculino.

Ao falar sobre o significado da integridade em seu livro mais recente, *Que tipo de pessoa você quer ser?*, o rabino Harold Kushner oferece esta lúcida definição: "Integridade significa ser inteiro, intacto, não separado. Descreve uma pessoa que uniu as diferentes partes de sua personalidade, de modo que não há mais uma cisão em sua alma". O patriarcado encoraja os homens a renunciar à integridade e a viver uma vida de negação. Ao aprender as artes da compartimentação, da dissimulação e da dissociação, os homens são capazes de se enxergar como se estivessem agindo com integridade quando não estão. O estado de negação psicológica que aprendem é grave. Complementando a definição de integridade em *Prosseguindo na trilha menos percorrida*, M. Scott Peck discute a raiz do significado do termo "integridade", que é o verbo "integrar", enfatizando que se trata do oposto da compartimentação. "Indivíduos sem integridade naturalmente compartimentam. E a masculinidade patriarcal normaliza a compartimentação masculina".

Peck argumenta que a compartimentação é uma forma de evitar sentir dor:

> Todos sabemos do homem que vai à igreja no domingo de manhã, acreditando que ama a Deus, a criação de Deus e seus semelhantes, mas que, na segunda-feira de manhã, não tem problemas com a política de sua empresa de despejar lixo tóxico no córrego local. Ele consegue fazer isso porque tem a religião em um compartimento e seus negócios, em outro.

Como a maioria dos homens foi habituada a acreditar que a compartimentação é uma prática positiva, isso parece certo, é confortável. Praticar a integridade, então, é difícil; machuca. Peck destaca o ponto crucial: "A integridade é dolorosa. Mas sem ela não pode haver plenitude". Para serem plenos, os homens devem praticar a integridade.

A integridade é necessária para uma autoestima saudável. A maioria dos homens tem baixa autoestima porque está constantemente mentindo e dissimulando (assumindo falsas aparências) para desempenhar o papel sexista de homem. Ao identificar a prática da integridade como um pilar central da autoestima em sua obra inovadora sobre o assunto, *Autoestima e seus seis pilares*, Nathaniel Branden fala sobre como a mentira fere a autoestima. Ele confessa que, como muitos homens, já se convenceu de que era importante mentir para proteger outras pessoas, mas acabou tendo de enfrentar a verdade de que "mentiras não funcionam". Para honrar sua autoestima, para praticar a integridade, aprendeu que a verdade tinha de ser dita, que "adiá-la só torna as consequências mais trágicas para todos". Além disso, ele escreve:

> Não conseguia poupar ninguém, muito menos a mim mesmo. Se parte de meus motivos [para mentir] era proteger as pessoas de quem eu gostava, acabei causando um sofrimento muito maior do que se tivesse sido de outra maneira. E se, em parte, fazia isso para proteger minha autoestima, evitando um conflito entre meus valores e lealdades, a maior prejudicada acabou sendo minha própria autoestima.

Essa lógica falha descrita por Branden é a mesma que muitos homens patriarcais usam para evitar dizer a verdade e praticar a integridade.

Com muita frequência, somos levadas a acreditar que os homens obtêm mais poder através da mentira e da compartimentação. Simplesmente não é assim. O estresse de preservar e proteger uma falsa identidade é prejudicial ao bem-estar emocional masculino; corrói a autoestima. Grande parte da depressão dos homens está diretamente relacionada à incapacidade de serem plenos. Embora tenha sido habituada a criar e manter falsas identidades, a maioria dos homens se lembra do verdadeiro eu que uma vez existiu. E é essa lembrança da perda — associada à raiva do mundo, que encoraja a rendição do eu — que engendra a depressão. Esse sofrimento, cuja origem muitas vezes não é identificada em homens adultos, é constante. Leva muitos homens ao vício, seja ao vício em trabalho ou ao abuso de substâncias. O trabalho compulsivo é o vício mais comum em homens porque é geralmente recompensado e não é levado a sério como prejudicial ao seu bem-estar emocional.

O trabalho costuma ser o espaço em que os homens se desconectam dos sentimentos. Zukav e Francis descrevem o vício em trabalho como uma fuga das emoções: "É uma droga tão eficaz quanto o anestésico mais poderoso [...]. O trabalho compulsivo é um sono profundo. É um transe autoinduzido que temporariamente mantém as emoções dolorosas longe da consciência". No momento em que os vícios deixam de afastar a dor, muitos homens caem na depressão. E, como acontece com tantas dores masculinas, apenas nos últimos anos os homens receberam permissão da sociedade para enfrentar a depressão. Os homens com frequência sofrem de depressão devido às próprias expectativas não satisfeitas ou ao seu perfeccionismo — que nunca pode ser alcançado, pois ser humano é ser imperfeito. Muitas vezes dizem que o movimento feminista confiscou ou minou o "poder masculino", e, como consequência, os homens se sentem destituídos. Subjacente a essa noção está a ideia de que as mulheres são culpadas pela depressão masculina — embora seja difícil acreditar que os homens se sintam ameaçados por mulheres em empregos nos quais recebem menos do que eles e depois ainda voltam para uma segunda jornada de afazeres domésticos. Visto que uma mulher que trabalha fora de casa não está mais sob o domínio do chefe de família patriarcal, esse movimento para o exterior pode ameaçar o poder masculino mais do que aquilo que as mulheres efetivamente fazem fora de casa.

Uma dimensão do movimento feminista que teve, de fato, um impacto profundo sobre os homens foi a insistência de que as mulheres tinham o direito de criticá-los tanto coletiva quanto individualmente. No lar patriarcal onde fui criada, um aspecto significativo do poder de papai era que ele estava acima de qualquer crítica. Embora mamãe nunca tenha se tornado feminista, depois de quarenta anos de submissão ela começou a criticar meu pai de maneiras que ecoavam os desafios feministas ao poder e ao privilégio masculinos. Como muitas mulheres, ela desafiou a falta de envolvimento emocional do marido, e queria que ele se interessasse pelo crescimento pessoal. Durante anos, a cultura patriarcal ensinou aos homens que sua individualidade, sua masculinidade, é assegurada por um desinteresse no crescimento pessoal;

de repente, na esteira do movimento feminista, as mulheres começaram a bombardear os homens com novas expectativas emocionais. Coletivamente, os homens responderam com depressão.

O popular psicoterapeuta M. Scott Peck lembra que, sempre que qualquer um de nós dá passos significativos para crescer, passamos por um processo de negação, raiva, barganha, depressão e aceitação — os mesmos estágios que Elisabeth Kübler-Ross identificou como aqueles que atravessamos quando confrontamos a morte. Peck dá o exemplo de ser criticado por falhas de caráter por pessoas amadas, e resistir à crítica:

> Se realmente me amam o bastante para continuar criticando, talvez eu chegue ao ponto de pensar: "Será que estão certos? Poderia haver algo errado com o grande Scott Peck?". E se eu responder que sim, isso é deprimente. Mas, se puder suportar essa ideia deprimente de que talvez haja de fato alguma coisa errada comigo e começar a me perguntar o que pode ser; se eu contemplar e analisar e isolar e identificar o que é, então posso me ocupar do processo de eliminar isso e de me purificar. Tendo realizado — completamente — o trabalho da depressão, emergirei do outro lado como um novo homem, um ser humano ressuscitado, uma pessoa melhor.

Muitas vezes, porém, os homens ficam presos na raiva.

Não surpreende, então, que muitos homens que buscam ser inteiros precisem primeiro nomear a intensidade de sua raiva e a dor que ela mascara. Ao encarar o fato de que está morrendo, Joseph Beam confessa, em "Brother to Brother: Words from the Heart" [De irmão para irmão: palavras do coração]:

> O que é mais importante para mim deve ser dito, verbalizado e compartilhado, mesmo sob o risco de que seja pisado ou mal interpretado. Eu conheço a raiva. Meu corpo contém tanta raiva quanto água. É o material com o qual construí minha casa: tijolos vermelho-sangue que choram na chuva [...]. É o rosto e a postura que mostro ao mundo. É o modo, às vezes o único modo, como consigo uma plateia. Às vezes é a forma como demonstro afeto. Tenho raiva por causa do tratamento que recebo como homem negro. Essa raiva ardente é alimentada com os combustíveis do desprezo e do desdém dirigidos a mim por minha comunidade porque sou gay. Não posso ir para casa como eu sou.

A raiva muitas vezes esconde a depressão e a tristeza profunda.

A depressão muitas vezes mascara a incapacidade de sofrer. Os homens não têm espaço emocional para sofrer. Meninas e mulheres podem chorar, podemos expressar tristeza ao longo de nossa vida. Podemos simplesmente botar para fora. Os homens continuam sendo ensinados a contê-la e, pior, a negar que sentem vontade de chorar. Donald Dutton, em seu capítulo "Love and Rage" [Amor e raiva], diz que a recusa masculina em reconhecer a perda é um componente central da raiva masculina:

> São poucos os modelos masculinos de luto [...]. Os homens, em particular, parecem incapazes de sofrer e lamentar individualmente. Talvez seja por isso que o blues é tão popular entre os homens. Ele serve como uma forma de expressão socialmente aceita para esse processo perdido e inatingível [...]. Quando o músico de blues Robert Johnson canta: "Fui maltratado e não

me importo de morrer",[6] uma multidão de homens pode sentir seus próprios anseios não atendidos e assentir com a cabeça.

Muitas adolescentes passam por um processo de luto ao fazer a transição de criança pequena para a idade adulta. As meninas podem lamentar as mudanças. Os homens não têm rituais de luto, nem os meninos.

Uma das razões pelas quais a igreja tem sido tão importante na vida dos homens negros se deve ao fato de ela ser um dos locais onde eles podem expressar emoções, onde podem sofrer. James Baldwin descreve essa liberação de emoções possibilitada pela igreja em *Da próxima vez, o fogo*:

> Nada do que desde então me aconteceu pode equiparar-se à sensação de poder e glória que às vezes me invadia quando, no meio de um sermão, eu me capacitava de estar realmente transmitindo "a Palavra" — quando a congregação e eu como que nos identificávamos. A dor e a alegria da assistência eram minhas também, e as minhas eu transferia para eles.

Foi na igreja da minha infância que vi, pela primeira vez, homens chorarem.

Para crescer psicológica e espiritualmente, os homens precisam chorar. Os homens envolvidos no trabalho de autorrecuperação testemunham que somente quando conseguem sentir dor é que podem começar a se curar. Com coragem e perspicácia, Neale Lundgren fala sobre essa luta interior em seu ensaio autobiográfico sobre a infância, "The

6. No original, "*I've been mistreated and I don't mind dying*". [N.T.]

Night When Sleep Awoke" [A noite em que o sono acordou], confessando seu desejo de encontrar um modelo de pai, de se reconectar com a masculinidade.

> Assim que pensei ter esgotado minha busca pelo pai, comecei a buscar ajuda terapêutica. Depois de vários episódios de depressão crônica e inexplicável, tomei a decisão de por fim parar de evitar a mágoa e a raiva. Com ajuda e apoio de homens e mulheres terapeuticamente letrados, comecei a explorar o temido terreno do meu coração ferido. Comecei a sentir o luto de perdas e apegos passados.

Quando a capacidade emocional de um homem se enlutar é interrompida, é provável que ele fique congelado no tempo e incapaz de completar o processo de crescimento. Os homens precisam chorar o velho eu e criar espaço para o nascimento de um novo eu, se quiserem mudar e ser totalmente transformados.

Se um homem não estiver disposto a quebrar as regras patriarcais que dizem que ele nunca deve mudar — em especial para satisfazer outra pessoa, sobretudo uma mulher —, ele escolherá ter razão em vez de ser amado. Ele se afastará das pessoas amadas e escolherá sua masculinidade em vez de sua personalidade; isolamento em vez de conexão. O terapeuta George Edmond Smith lembra de ter aprendido desde cedo que os homens reagem com raiva e rejeição quando são percebidos como descontrolados ou falhos:

> Também lembro de quando, na infância, fazia alguma pergunta ao meu pai para a qual ele não sabia a resposta, e ele ficava com raiva, como se dissesse: "Olha, eu não sei a resposta para

> sua pergunta e, por isso, eu deveria te bater!". Claro, percebi isso quase de imediato e parei de buscar respostas com meu pai. Quem sabe se ele tivesse se dado ao trabalho de me dizer: "Filho, eu não sei a resposta, vamos procurar juntos e descobrir".

Só um pai capaz de ser inteiro pode ter a integridade de reconhecer ignorância ao filho sem se sentir diminuído.

Homens plenos podem expressar seus medos sem vergonha. Eles não precisam usar a falsa máscara do destemor. Os pais têm sido incapazes de compartilhar com os filhos o fato de que têm medo. Eles temem não corresponder às expectativas dos filhos. Eles temem que o filho perceba no pai o ciúme e a inveja que sentem do menino que ainda não rompeu sua relação com o sentimento, que não está emocionalmente fechado. Ao escrever sobre sua infância, Neale Lundgren relembra: "Eu admirava meu pai e parecia que muitas vezes sentia que ele tinha medo de mim. Talvez ele se sentisse intimidado pelo meu coração, que era como o dele quando menino: grande, cheio, aberto, forte e terno".

Incapazes de admitir sentimentos, os pais em geral os encobrem com raiva, podando cruelmente seu próprio apego ao filho e recusando seu amor e admiração. O modelo de desempenho competitivo do patriarcado ensina aos pais que um filho é ou será seu adversário, que o pai deve temer que o filho roube sua glória. Nossos mitos e histórias religiosas estão repletos de narrativas nas quais o filho é retratado como inimigo do pai, sempre pronto para roubar seu poder. O modelo disfuncional sugere aos homens que a separação só pode ser forjada por meio da violência e da morte. Somente o homem que escolhe um modelo saudável de figura paterna — o homem adulto íntegro, o guia que abriga, protege e cuida do filho —

pode acompanhar graciosamente a afirmação da autonomia saudável do próprio filho.

Quando figuras paternas são saudáveis, elas sabem quando soltar; elas podem apoiar o menino em cada um de seus passos. Como Thomas Moore declara em seu ensaio sobre a infância, "Little Boy Found" [Menininho encontrado],

> Se os pais falam conosco, podemos preservar nosso espírito intocado [...]. Pais e filhos precisam uns dos outros, pois sustentam uns aos outros. Precisamos permitir que nossos pais demorem para crescer [...]. Eles precisam levar a sério nossa tolice infantil, dando sua vida por isso, para podermos nós mesmos ser pais a partir do nosso lugar ao sol.

Pais atenciosos, resolutos e íntegros protegem o coração aberto e terno dos filhos, guardando-os dos ataques insensíveis do patriarcado.

Quando os homens praticam a integridade, aceitam que parte do trabalho da plenitude é aprender a ser flexível, aprender a negociar, a aceitar mudanças de pensamento e ação. A capacidade de criticar a si mesmo e mudar e ouvir críticas dos outros é o estado de ser que nos torna capazes de responsabilidade.

Para poder responder à família e aos amigos, os homens devem assumir responsabilidades. Esse é outro componente da autoestima saudável. Nathaniel Brandon equipara nossa capacidade de ser responsável com nossa capacidade de sentir alegria, de nos fortalecer pessoalmente. Esse senso de agência pessoal nos permite romper com os papéis sexuais impostos. Esta é a verdadeira liberdade e independência:

Sou responsável por aceitar ou escolher os valores pelos quais vivo. Se vivo de acordo com valores que aceitei ou adotei passiva e impensadamente, é fácil imaginar que sejam apenas "minha natureza", apenas "quem eu sou", e evitar reconhecer que há escolha envolvida. Se estou disposto a reconhecer que escolhas e decisões são cruciais na adoção de valores, então posso examinar meus valores com novos olhos, questioná-los e, se necessário, revisá-los. Mais uma vez, é assumir a responsabilidade que me liberta.

O modelo patriarcal que diz aos homens que devem estar no controle o tempo todo está em desacordo com o cultivo da capacidade de ser responsável, que requer saber quando controlar e quando se entregar e deixar ir embora.

Homens responsáveis são capazes de autocrítica. Se mais homens estivessem realizando a tarefa da autocrítica, eles não ficariam feridos, magoados ou envergonhados quando criticados por outras pessoas, especialmente pelas mulheres de quem são íntimos. Engajar-se na autocrítica capacita homens responsáveis a admitir erros. Quando prejudicam os outros, eles se dispõem a reconhecer o erro e repará-lo. Quando outros os prejudicam, eles conseguem perdoar. A capacidade de perdoar faz parte do abandono do perfeccionismo e da aceitação da vulnerabilidade.

Ao mesmo tempo, a crítica construtiva só funciona quando está ligada a um processo de acolhimento. Acolher é um ato de cuidado emocional. Homens machucados costumam ser incapazes de dizer qualquer coisa positiva. São os resmungões; disfarçados no cinismo, eles se mantêm a uma distância emocional de si mesmos e dos outros. O acolhimento nos aproxima. É a mais alta realização da compaixão e empatia com os outros. Um dos aspectos negativos das críticas feministas anti-homens à masculinidade foi a ausência de qualquer acolhimento daquilo que é positivo e potencialmente positivo no ser masculino. Quando escrevíamos sobre a necessidade de acolher os homens e identificá-los como companheiros de luta, éramos com frequência rotuladas de macho-centradas. As mulheres que nos atacavam não entendiam que era possível criticar o patriarcado sem odiar os homens. Na verdade, reconhecer todas as formas pelas quais os homens foram vitimados pelo patriarcado (ainda que tenham sido recompensados) era uma maneira de incluir os homens no movimento feminista, admitindo sua presença e honrando sua contribuição.

A análise crítica é útil quando promove o crescimento, mas nunca é suficiente. O trabalho de acolhimento é o que nos une. Quando os homens aprendem a amparar a si mesmos e aos outros, cuidando da alma, eles se encontram no caminho da plenitude. Quando os homens são capazes de pequenos atos de compaixão, eles podem entrar em comunhão com os outros sem a necessidade de dominar. Não mais separados, não mais distantes, eles carregam uma integridade que pode se unir à integridade dos outros. Isso é interexistência. Como pessoas plenas, podem experimentar a felicidade. Diferentemente do contentamento, a felicidade é um estado duradouro que pode ser sustentado mesmo quando nem tudo está do jeito que queremos. No ensaio "Celebrating Life" [Celebrando a vida], o padre jesuíta Henri Nouwen declara que, "onde há felicidade, há vida". Nouwen deixou seus prestigiados cargos de professor em universidades de elite nos Estados Unidos para trabalhar em uma comunidade para portadores de deficiências intelectuais. Como guia espiritual e cuidador engajado, ele via sua integridade encorajada por meio do ato de servir. O terapeuta George Edmond Smith, em *Walking Proud: Black Men Living Beyond the Stereotypes* [Caminhar com orgulho: homens negros que vivem para além dos estereótipos], testemunha que seu crescimento psicológico se intensificou quando começou a "fazer coisas muito simples que eram altruístas". Ele diz aos leitores que, se os homens "se comprometessem com o bem e não com o mal durante cada momento, suas vidas mudariam de forma dramática".

Homens com integridade não têm vergonha de servir. Eles são cuidadores, tutores, guardiões da chama. Eles conhecem a felicidade. Nas minhas memórias de infância, *Bone Black*, escrevi, em elogio ao meu avô, o homem que me amou na minha infância de forma consistente e incondicional: "Seus cheiros enchem minhas narinas com o aroma da felicidade. Com ele, todos os fragmentos do meu coração partido voltam a se juntar". Este é o verdadeiro significado do reencontro: viver o conhecimento de que o dano pode ser reparado, de que podemos ser inteiros novamente. É a satisfação máxima que chega quando os homens ousam desafiar e transformar o patriarcado.

11.
amar os homens

Na infância, conheci meu pai como o homem forte que não falava, não demonstrava sentimentos, não dispensava tempo nem atenção. Ele era o provedor, o protetor, o guerreiro que defendia a fortaleza. Ele era o estranho na casa. Não tínhamos permissão para conhecê-lo, ouvir suas histórias de infância, deleitar-nos com suas memórias. Sua vida era envolta em mistério. Nós o buscávamos. Nas fotos dele como jovem soldado, como boxeador, do papai em sua glória no salão de bilhar, do papai na quadra de basquete. Parávamos diante da foto da unidade de infantaria composta toda por homens negros em que ele serviu durante a Segunda Guerra Mundial. Uma das brincadeiras favoritas de nossa infância era encontrar papai na foto, nosso pai, o patriarca por excelência — um homem de sua época, criado para a guerra.

Para escrever sobre os homens e o amor, preciso falar da guerra. Muitas e muitas vezes nos foi dito que a civilização não pode sobreviver ao amor dos homens, pois, se os homens amarem, eles não conseguirão obedecer às ordens para matar. No entanto, se os homens fossem assassinos natos, programados pela biologia e pelo destino para tirar a vida alheia, não seria necessária a socialização patriarcal para transformá-los em assassinos. O caminho do guerreiro fere os meninos e os homens; tem sido a flecha que atravessa o coração de sua humanidade. O caminho do guerreiro conduz os homens a um empobrecimento de espírito tão profundo que ameaça toda a vida no planeta.

Ao escrever sobre sua infância e sobre o caminho do guerreiro no ensaio "My War Story" [Minha história de guerra], Shepherd Bliss confessa abertamente que é "um filho do trauma, um tipo específico de trauma — o trauma militar, o trauma de guerra". Ao crescer nas forças armadas, tornar-se um soldado e depois se converter em um defensor da paz, Bliss se posiciona contra a guerra e o caminho do guerreiro:

> A ética do guerreiro nos prejudicou. À medida que avançamos para o século XXI, precisamos amadurecer para além da guerra e dos guerreiros. Discordo daqueles escritores e ativistas do movimento masculino que falam tão bem do guerreiro. Aprecio algumas de suas características — coragem, trabalho em equipe, lealdade —, mas o arquétipo em si está falido neste momento da história. Certamente precisamos de guardiões, de valores, de agricultores e cidadãos. Se quisermos sobreviver neste planeta, tão ameaçado pela guerra e pelos guerreiros, devemos ir além do arquétipo obsoleto do guerreiro e valorizar imagens como o pacificador, o parceiro e o lavrador que cuida da terra e dos animais

Embora a guerra tenha falhado como estratégia para sustentar a vida e gerar segurança, os líderes de nossa nação nos forçam à batalha, dando nova vida ao patriarcado moribundo.

A guerra, em suas primeiras formas, incluía mulheres e homens. Ao detalhar a história da guerra em *Ritos de sangue*, Barbara Ehrenreich lembra que,

> ao atribuir a condição de predador triunfante apenas aos homens, os humanos tornaram mais fácil "esquecer" aquela pré-história de pesadelo em que eram, macho e fêmea, presas de animais maiores e mais fortes [...]. O gênero, em outras palavras, é uma ideia que, ao mesmo tempo, oblitera nosso passado comum como presa e afirma que a condição de predador é inata e "natural" — pelo menos para os homens.

Chamando a atenção para o fato de que a guerra não tem sido apenas uma ocupação masculina, mas "uma atividade que muitas vezes serviu para definir a própria masculinidade", Ehrenreich argumenta que "a guerra e a masculinidade agressiva" se reforçam mutuamente. A natureza da divisão de gênero da guerra torna os homens predadores e as mulheres, presas. Não podemos falar de homens e de amor, de amor entre mulheres e homens, sem falar da necessidade de acabar com a guerra e com todo o pensamento que a torna possível.

O slogan "Faça amor, não faça guerra" foi popular naquele momento da história de nossa nação em que os homens estavam mais conscientes de sua necessidade de resistir à masculinidade patriarcal. Não é por acaso que Daniel Berrigan, preso por se manifestar contra a guerra, falou com Thích Nhất Hạnh sobre a necessidade de solidariedade para que todos aprendessem a construir comunidades. Esses dois homens de integridade conversam em *The Raft Is Not the Shore* [A jangada não é a costa] sobre a necessidade de construirmos comunidades de resistência. Thích Nhất Hạnh diz:

> E resistência, no fundo, penso que deve significar mais do que resistência à guerra. É uma resistência a todo tipo de coisas que

> são como a guerra. Porque vivendo na sociedade moderna a pessoa sente que não consegue reter facilmente a integridade, a plenitude. A pessoa é roubada permanentemente de sua humanidade, da capacidade de ser ela mesma [...]. Então, talvez, antes de tudo, resistência signifique oposição a ser invadido, ocupado, agredido e destruído pelo sistema. O propósito da resistência, aqui, é buscar a cura de si para poder ver com clareza [...]. As comunidades de resistência devem ser lugares onde as pessoas possam voltar a si mesmas com mais facilidade, onde as condições sejam tais que elas possam se curar e recuperar a plenitude.

Berrigan insiste que relacionamentos, uniões afetivas, sejam vistos como comunidades vitais de resistência.

Em culturas de dominação, a maioria das famílias não é um lugar seguro. Disfuncionalidade, terrorismo íntimo e violência as tornam terreno fértil para a guerra. Como ainda não derrotamos a cultura patriarcal, nossas lutas para acabar com a dominação devem começar onde vivemos, nas comunidades que chamamos de lar. É lá que experimentamos nosso poder de criar revoluções, de fazer mudanças que transformam vidas. Já sabemos que os homens não precisam ficar casados com o patriarcado. Alguns homens têm repetidamente pleiteado algo diferente, reivindicando seu direito à vida e ao amor. Eles são faróis de esperança que incorporam a verdade de que os homens podem amar.

Se quisermos criar uma cultura na qual todos os homens possam aprender a amar, devemos primeiro reimaginar a família, em todas as suas diversas formas, como um lugar de resistência. Devemos estar dispostos a ver a infância dos meninos de maneira diferente, não como uma época em que são doutrinados em uma masculinidade que envolve violência e morte, mas como uma época em que aprendem a exultar-se na conexão com os outros, na festa e na alegria da intimidade que é o anseio humano essencial. Devemos seguir a sabedoria de Thomas Moore quando ele clama por uma adoração não patriarcal do menino:

> Que mistério é ser um menino, tão perto da morte e do nascimento, tão sem educação e, portanto, tão fresco e sem cinismo. Devemos parar com nossa depreciação do menino, das nossas próprias imaturidades, do nosso vagar em crescer, do nosso puro deleite com a beleza, do nosso amor pelo sol, das nossas inclinações verticais e das nossas andanças e grandes quedas [...]. Poderíamos dizer palavras de incentivo a esse menino onde quer que o encontremos — em nossos amigos e alunos, em nossas instituições e em nosso próprio coração. Se não falarmos assim com ele, ele se perderá, e nós teremos perdido com ele toda ternura e graça.

Para criar a cultura que capacitará os meninos a amar, devemos ver a família como tendo a função primária de dar amor (prover comida e abrigo são atos amorosos).

Ao aprender a amar na vida familiar, meninos (e meninas) aprendem as habilidades relacionais necessárias para construir uma comunidade em casa e no mundo. O poeta Wendell Berry fala desse movimento como um retorno ao respeito pela santidade inata de todos os seres:

> Se temos sorte, quando crianças, de estarmos cercados por adultos que nos amam, então nosso sentido de integridade não se torna apenas o sentido de completude de nós mesmos, mas

> também o sentido de pertencer aos outros e ao nosso lugar; é um entendimento inconsciente de comunidade, de viver em comum. Pode ser que esse duplo senso de integridade singular e de pertencimento comunitário seja nosso padrão pessoal de saúde durante a vida [...] parece que sabemos instintivamente que a saúde não é segregada.

Quando nossas famílias são funcionais e não formatadas por um modelo de dominação e pelo pensamento patriarcal que surge em seu rastro, o modelo de saúde que Berry descreve tem condições de se tornar a norma.

Nesse mundo, os meninos podem pensar em jogos que não se concentrem em causar dor, em gerar morte, mas que sejam, de fato, formas de brincar que celebram a vida e a integridade. E as diferenças individuais que surgem entre meninos, e entre meninos e meninas, não precisarão ser interpretadas como motivo para dominação, para que um controle o outro, mas se tornarão oportunidades de descoberta, de compartilhamento de saberes e de invenção de novas formas de existir. Pais amorosos já percebem que, se papéis rígidos de gênero não são impostos aos meninos, eles tomam decisões sobre sua individualidade com base em suas paixões, seus anseios, seus dons. Não podemos honrar os meninos corretamente, protegendo suas vidas emocionais, sem acabar com o patriarcado. Fingir o oposto é conspirar com o contínuo assassinato de almas imposto em nome de transformar meninos em homens.

Sem dúvida, sempre haverá meninos que escolherão atividades tumultuosas, que pedem força física e exigem um elemento de risco, mas também haverá meninos que buscarão prazeres mais tranquilos, que se afastarão do risco. Haverá meninos cujas personalidades estarão em algum lugar entre esses dois paradigmas. Se os meninos forem criados para serem empáticos e fortes; autônomos e conectados; responsáveis perante si mesmos, a família, os amigos e a sociedade; capazes de construir comunidades enraizadas no reconhecimento da interexistência, então a base sólida estará presente, e eles poderão amar.

Para construir essa base sólida, os homens devem dar o exemplo, ousando curar-se, ousando fazer o trabalho de recuperação relacional. Independentemente de suas preferências sexuais, os homens em processo de autorrecuperação geralmente começam voltando à infância e avaliando o que aprenderam sobre a masculinidade e como o aprenderam. Muitos homens consideram útil identificar os momentos em que perceberam quem eram, o que sentiam, mas reprimiram esse conhecimento porque desagradava aos outros. Compreender as raízes da doença masculina ajuda muitos homens a começar o trabalho de reparar o dano. Homens gays progressistas em nosso país, em particular aqueles que resistiram ao pensamento patriarcal (que muitas vezes são rotulados de "femininos" por serem conscientes no que diz respeito às emoções), têm se colocado na vanguarda da recuperação relacional. Homens heterossexuais e gays patriarcais podem aprender com eles.

Os homens se encontram no caminho do amor quando escolhem tornar-se emocionalmente conscientes. Zukav e Francis veem isso como um processo: "A consciência emocional é mais do que aplicar técnicas a esta ou aquela circunstância. É uma expressão natural de uma orientação que volta sua atenção para a parte mais nobre, gratificante, alegre e fortalecedora de você mesmo — e que pode ser alcançada. Essa é a sua alma". As mulheres querem que os homens sejam mais conscientes emocionalmente. Isso vale sobretudo para as mulheres que desejam ter uniões amorosas com homens. No entanto, assim como há uma crise para os homens, as mulheres estão passando por uma crise de fé no que diz respeito aos homens. A forma que a crise assume é o desespero a respeito da capacidade dos homens de fazer mudanças construtivas, de atingir a maturidade emocional, de crescer.

A ideia de que as mulheres lésbicas são anti-homens sempre se mostra falsa quando grupos de mulheres se reúnem e falam sobre eles. Os comentários mais impiedosos de ódio aos homens são sempre feitos por mulheres que estão com homens e que planejam ficar com eles pelo resto da vida. Depois de 49 anos de casamento, minha mãe está irritada com meu pai. A esposa subordinada perfeita, agora que ambos têm mais de setenta anos, está chateada porque ele não é generoso o bastante emocionalmente. Como ela não é feminista, não vê que é uma contradição esperar que esse antigo patriarca de repente lhe dê amor. A raiva dela o surpreende e o enfurece. A raiva de mamãe mascara seu medo de que, a qualquer momento, ela possa morrer sem nunca se sentir amada pelo homem a quem se dedicou e agradou durante toda a vida. Assim como os homens que percebem que a promessa do patriarcado não foi cumprida, mamãe sente que lhe restaram promessas quebradas, e que não foi recompensada por desempenhar o papel subordinado que lhe foi dito que uma boa mulher deveria exercer.

Mulheres que não são feministas, mulheres que apoiam o patriarcado, que não têm problemas com o sexismo, compartilham com as mulheres feministas e antissexistas o desejo de que os homens sejam mais amorosos. Shere Hite documentou esse desejo em seu enorme estudo *As mulheres e o amor: o novo relatório Hite*. Seu capítulo "Amar os homens neste momento da história" começa com a observação de que, "estranhamente, assustadoramente, a maioria das mulheres neste estudo — sejam casadas, solteiras ou divorciadas, de todas as idades — diz que ainda não encontraram o amor que estão procurando". O amor que as mulheres procuram nos relacionamentos com os homens é um amor baseado em parcerias com reciprocidade. Reciprocidade é diferente de igualdade.

Antigamente, as mulheres acreditávamos que os homens nos respeitariam mais se mostrássemos que somos iguais a eles. Em um mundo onde a desigualdade de gênero é, para a maioria das pessoas, uma norma aceita, os homens se recusam a respeitar as mulheres. A raiz da palavra "respeito" significa "olhar para". As mulheres queremos ser reconhecidas, notadas e cuidadas pelos homens em nossas vidas. Desejamos respeito, quer a igualdade de gênero exista em todas as áreas ou não. Quando uma mulher e um homem prometem dar amor um ao outro, apoiar-se mutuamente, reunir cuidado, compromisso, conhecimento, respeito, responsabilidade e confiança, mesmo que haja circunstâncias de desigualdade, ninguém usa essa diferença para impor dominação. O amor não pode coexistir com a dominação. O amor pode existir em circunstâncias em que a igualdade não está na ordem do dia. A desigualdade, por si só, não gera dominação. Ela pode aumentar a consciência da necessidade de ser mais amoroso.

Muitas mulheres se desesperam com os homens porque acreditam que, em última análise, os homens se preocupam mais com ser dominadores do que com ser parceiros amorosos. Elas acreditam nisso porque muitos e muitos homens se recusam a fazer as mudanças que possibilitariam o amor mútuo. As mulheres ainda não provaram que se importam o suficiente com o coração dos homens, com seu bem-estar emocional, para desafiar o patriarcado em nome daqueles homens com quem desejam conhecer o amor. Lemos livros de autoajuda que nos dizem o tempo todo que não podemos mudar ninguém, e essa é um trivialidade útil. No entanto, é também verdade que, quando oferecemos amor, amor verdadeiro — não a troca emocional de eu te darei o que você quer se você me der o que quero, mas cuidado genuíno, compromisso, conhecimento, responsabilidade, respeito e confiança —, isso pode servir como um atraente catalisador para a mudança. Qualquer mulher que apoie o patriarcado e então afirme amar os homens em sua vida ou se frustrar por eles não a amarem está em estado de negação.

As mulheres que desejam que os homens amem sabem que isso não pode realmente acontecer sem uma revolução de consciência em que os homens interrompam o pensamento e a ação patriarcais. Como os papéis sexistas sempre deram às mulheres apoio para o desenvolvimento emocional, tem sido mais fácil para nós encontrar nossa maneira de amar. Não amamos mais ou melhor que os homens, mas achamos mais fácil entrar em contato com os sentimentos porque até a sociedade patriarcal apoia essa característica em nós. Os homens nunca receberão apoio da cultura patriarcal para seu desenvolvimento emocional. Mas se, como testemunhas iluminadas, oferecermos aos homens que amamos (nossos pais, irmãos, parceiros, amigos, camaradas) o encorajamento de que conseguem mudar, bem como a garantia de que os aceitaremos quando mudarem, a transformação não parecerá tão arriscada.

À medida que alguns homens têm se tornado mais conscientes da falta de amor em sua vida, eles também reconhecem seu desejo por amor. Esse reconhecimento não significa que os homens saibam o que fazer. É importante ressaltar que, quando os homens amam, isso muda a natureza de sua sexualidade, tanto o modo como pensam sobre sexo quanto o modo como se comportam sexualmente. Muitos homens temem aprender a amar porque não conseguem imaginar uma sexualidade fora do modelo patriarcal. Em um mundo onde os homens amam, o foco no eros e no erotismo substituirá naturalmente a obsessão masculina pelo sexo. Se lhes fosse ensinado um erotismo saudável, todo homem poderia ter a oportunidade de desfrutar do prazer sexual (e isso inclui as fantasias sexuais) por si só e não como substituto para fantasias de dominação, ou como forma de afirmar a masculinidade no lugar da individualidade.

Com frequência, homens usam fantasias sexuais perversas (particularmente o consumo de pornografia patriarcal) como esconderijo para a depressão e o sofrimento. É na pornografia patriarcal que eles podem fingir que a promessa do poder patriarcal será sempre cumprida. Michael S. Kimmel explora esse aspecto do desejo masculino em seu ensaio "Fuel for Fantasy" [Combustível para a fantasia]:

> A utopia pornográfica é um mundo de abundância, excesso e autonomia — um mundo, em suma, de todo diferente daquele que habitamos [...]. Os homens, em sua maioria, não se sentem especialmente bem consigo mesmos, vivendo uma vida de "desespero silencioso" [...]. A fantasia pornográfica é uma vingança contra o mundo real da vida dos homens. Transformar essas fantasias exige que também transformemos essa realidade.

Transformar o mundo real que os homens habitam requer nossa vontade coletiva de sonhar novamente o corpo e o ser masculino como um local de beleza, prazer, desejo e potencialidade humana. Em *A alma do sexo*, Thomas Moore declara:

> Uma das primeiras realizações a serem alcançadas na reconciliação do corpo e do espírito, que é um pré-requisito para uma sexualidade aprofundada e plena de alma, é a redescoberta da virtude e do valor do erotismo do corpo [...]. Para encontrar a alma do sexo, temos de arrancá-la do corpo materialista e mecanicista que criamos por meio de nossas filosofias modernas e reuni-la ao corpo sutil, mitificado e repleto de fantasia da imaginação.

Feridos naquele lugar de abertura emocional em que poderiam imaginar livremente, os homens precisam passar por uma restauração curativa da vontade de imaginar antes que possam romper com um modelo de sexualidade que gera vícios enquanto lhes nega o acesso a uma sexualidade que os satisfaça.

Steve Bearman explica a compulsão masculina por sexo como eros interrompido em seu ensaio "Why Men Are So Obsessed with Sex":

> Direta e indiretamente, a sexualidade nos é oferecida como o único veículo através do qual talvez ainda seja possível expressar e experimentar aspectos essenciais da nossa humanidade que fomos de forma lenta e sistemática condicionados a deixar de fora. O sexo foi, e ainda é, apresentado como o caminho para a intimidade verdadeira, para a proximidade completa, como a arena em que se pode amar de maneira aberta, ser doce e vulnerável e, ainda assim, permanecer em segurança, não se sentir tão profun-

> damente na solidão. O sexo é o único lugar no qual a sensualidade parece ser permitida, onde podemos ser gentis com nosso próprio corpo e nos permitir a nossa paixão transbordante. Prazer e desejo, vitalidade e excitação, ao que parece deixados para trás em algum lugar do qual não nos lembramos, tornam-se de novo imagináveis.

Comovente e poderosamente evocativa, essa é a promessa da sexualidade no patriarcado, mas é uma promessa que, em última análise, nunca pode ser cumprida. Homens e meninos que a abraçam estão fadados a ansiar para sempre, para sempre num estado de carência.

Bearman aponta que, depois de lhes ensinarem a ser obcecados por sexo por meio do condicionamento patriarcal, os homens são "submetidos a um condicionamento contínuo para reprimir a sensualidade, entorpecer os sentimentos, ignorar nosso corpo e nos separar de nossa proximidade natural com os seres humanos". Ele continua:

> Todas essas necessidades humanas nos são então prometidas por meio do sexo e da sexualidade [...]. Porém, o sexo de forma alguma pode satisfazer completamente essas necessidades. Essas necessidades só podem ser satisfeitas pela cura dos efeitos do condicionamento masculino e pela difusão da conexão e da vitalidade por todas as áreas de nossa vida.

Ao sugerir que os homens resistem à repressão e optam pela paixão à medida que recuperam a vida sentimental, Bearman identifica a paixão como o "maior aliado" que os homens podem escolher em seus esforços para liberar sua humanidade completa. O significado da raiz da palavra latina *patior* é "sofrer".

Para reivindicar a paixão, os homens devem abraçar a dor, sentir o sofrimento, passando através dele para o mundo de prazer que os espera. Essa é a jornada heroica dos homens de nosso tempo. Não é uma jornada que conduz à conquista e à dominação, à desconexão e à interdição da vida; é uma jornada de recuperação, em que os pedaços do eu são encontrados e reunidos novamente em um todo.

À medida que os homens trabalham pela plenitude, o sexo assume seu lugar de direito como um prazer entre muitos prazeres. Ao contrário do sexo patriarcal viciante, a paixão enraizada em um éthos erótico de afirmação da vida aprofunda a conexão emocional. De acordo com Zukav e Francis:

> A intimidade sexual amorosa [...] expressa cuidado e apreço. É uma entrega mútua, não uma tomada mútua. É uma arena na qual os indivíduos alimentam uns aos outros, em vez de explorarem uns aos outros. Na intimidade sexual amorosa, os parceiros sexuais não são intercambiáveis. São únicos em suas histórias, aptidões, lutas e alegrias. Conhecem-se e cuidam um do outro. Sentem empatia. Têm interesse um pelo outro. Usam a intimidade física para aprofundar a intimidade emocional [...]. Comprometem-se em crescer juntos.

Homens que encontraram o caminho de volta para um sentido restaurado do erótico, para o eros como uma força vital, precisam compartilhar a felicidade com os homens em geral. Bearman nos diz:

> Minha visão para mim e para todos os homens é que recuperemos cada porção de nossa humanidade que nos foi negada por

> nosso condicionamento. A obsessão pelo sexo pode ser curada quando recuperamos todos os aspectos essenciais da experiência humana que aprendemos a viver sem: nossa afinidade um pelo outro, conexões carinhosas com pessoas de todas as idades, origens e gêneros, a fruição sensual de nossos corpos, a autoexpressão apaixonada, o desejo revigorante, o amor terno por nós mesmos e pelos outros, a vulnerabilidade, o amparo nas dificuldades, o descanso suave, a aproximação e a proximidade de muitas pessoas em muitos tipos de relacionamento.

Mulheres que amam homens compartilham dessa visão.

Ansiamos que meninos e homens encontrem o caminho para o amor-próprio. Ansiamos que meninos e homens passem do amor-próprio para a comunhão reparadora mútua. Nenhum homem que reivindica a paixão para a sua vida teme a paixão de outro homem; não é homofóbico, pois sê-lo seria uma rejeição da autoaceitação e da aceitação dos outros, essenciais para a formação e manutenção da autoestima. Se todos os homens estivessem em contato com a paixão positiva primordial, as categorias de "gay" e "hétero" perderiam o significado carregado que possuem.

Em *A Queer Geography* [Uma geografia queer], Frank Browning faz uma útil distinção entre a política de identidade gay, que muitas vezes limita conexões, e um compromisso com um eros e um erotismo que amplie as conexões:

> Por erótico, me refiro a todas as poderosas atrações que podemos ter; por orientar e ser orientado, pelo flerte irrealizável, por viagens intelectuais, por camaradagem suada no jogo ou no trabalho, por êxtase espiritual, por ser acolhido em luto silencioso, pela

> raiva explosiva direcionada a um inimigo comum, pelo sublime amor da amizade. Todas ou nenhuma dessas formas de amar podem estar ligadas ao fato de que eu normalmente faço sexo com homens, porque todos esses amores podem acontecer e acontecem tanto com homens quanto com mulheres na minha vida.

O patriarcado buscou reprimir e domar a paixão erótica precisamente pelo seu poder de nos levar a uma comunhão crescente com nós mesmos, com aqueles que conhecemos mais intimamente, e com o estranho.

O feminismo mudou a vida íntima de mulheres e homens ao oferecer a todos uma visão dos relacionamentos baseada na reciprocidade — uma visão de parcerias sem dominação. Essa promessa sedutora só pode ser cumprida quando o pensamento patriarcal deixa de dominar a consciência de mulheres e homens, meninas e meninos. Se queremos curar as feridas infligidas pelo patriarcado, temos de ir à fonte. Temos de olhar diretamente para os homens, olho no olho, e dizer a verdade de que chegou a hora de os homens passarem por uma revolução de valores. Não podemos afastar nosso coração dos meninos e dos homens e, em seguida, nos perguntar por que a política da guerra continua a moldar nossa política nacional e nossas vidas românticas íntimas.

Há uma guerra entre os sexos neste país, entre aqueles que acreditam que estão destinados a ser predadores e aquelas que eles consideram presas. A resistência à dominação de gênero intensificou essa guerra. À medida que o pensamento e a prática feminista perdem visibilidade, muitas mulheres procuram o patriarcado para se salvar. Mais do que nunca na história de nossa nação, as mulheres são encorajadas a assumir a máscara patriarcal e enterrar seus eus emocionais tão profundamente quanto os homens. As mulheres abraçam esse paradigma porque sentem que é melhor ser dominadora do que ser dominada. No entanto, essa é uma visão perversa da igualdade de gênero, que oferece às mulheres igual acesso à casa dos mortos. Nessa casa não haverá amor.

A maioria das mulheres ainda não adotou coletivamente as teorias e práticas alternativas que pensadores visionários — mulheres e homens, mas sobretudo feministas — ofereceram para curar nosso coração ferido e nosso planeta em sofrimento. À diferença da maioria dos homens, a maior parte das mulheres aprende habilidades relacionais. É evidente, porém, que, na maioria das vezes, as mulheres têm usado essas habilidades a serviço da dominação, do patriarcado, e não na busca por liberdade ou amor. Ao reconhecer esse fato, vemos que a maioria das mulheres não está mais avançada do que os homens, como grupo. Em ambos os grupos, há indivíduos buscando a salvação, buscando a integridade, ousando ser radicais e revolucionários, enquanto a maioria das pessoas continua na incerteza sobre seguir o caminho que acabará com a guerra de gênero, tornando o amor possível. Embora seja evidente que muitos homens não estão tão dispostos quanto as mulheres a explorar e seguir o caminho que leva à autorrecuperação, não podemos ir muito longe se os homens forem deixados para trás. Eles têm poder demais para ser simplesmente ignorados ou esquecidos. Além disso, aquelas de nós que amamos os homens não queremos continuar nossa jornada sem eles. Precisamos deles ao nosso lado justamente porque os amamos.

Compartilho com Terrence Real a visão da recuperação relacional, que convida os homens que estão fora do círculo do amor a regressar. A jornada masculina para o amor nunca será fácil ou simples na cultura patriarcal. Assim como nós, mulheres que cruzamos terrenos difíceis para abrir nosso coração, para encontrar o amor, os homens precisam de conscientização, grupos de apoio, terapia, educação. Emocionalmente destituídos e bloqueados, os homens, doentes com a dor da falta de amor, precisam que as pessoas amadas façam intervenções positivas como aquelas que somos encorajados a fazer quando o problema é o vício em substâncias. Como afirma Real, "o mundo lá fora é duro e antirrelacional. Os termos antigos estão conosco há muito tempo. É de se esperar que sejamos pegos por eles ocasionalmente e percamos nosso rumo. É aí que a ajuda de quem nos conhece e ama é essencial". Os homens que buscam ajuda em geral acham difícil encontrar apoio. Pedimos a eles que mudem sem criar uma cultura de mudança para acolhê-los e auxiliá-los.

Repetidas vezes, quando me esforcei para fazer o trabalho do amor com um parceiro que não mudava, disseram-me para desistir dele, para rejeitá-lo. Disseram que eu estava perdendo meu tempo. Toda essa reação negativa me fez refletir sobre se existem lugares de cura que homens feridos podem procurar sem serem rejeitados, sobretudo quando a mudança positiva não está acontecendo rápido, ou rápido o suficiente. Mulheres que foram vítimas de homens, mulheres que sofreram continuamente nas mãos de homens, naturalmente são cautelosas com a energia que podem despender para ajudá-los a se curar. Há, porém, muitas mulheres que foram tanto assistidas quanto feridas por homens. Kay Leigh Hagan declara que os bons homens em sua vida arruinaram para ela a ideia de ódio aos homens:

> Tanto para homens quanto para mulheres, a proximidade de Bons Homens pode ser um tanto perturbadora, porque eles em geral não agem de formas associadas a homens típicos; eles ouvem mais do que falam; refletem sobre os próprios comportamentos e motivos; educam-se ativamente sobre a realidade das mulheres, buscando a cultura das mulheres e ouvindo-as [...]. Eles evitam usar as mulheres para se expressar emocionalmente por substituição [...]. Quando erram — e eles erram — procuram as mulheres em busca de orientação, e recebem críticas com gratidão. Praticam tolerar a incerteza enquanto esperam que uma nova maneira de ser revele alternativas antes não consideradas ao comportamento controlador e abusivo. Eles intervêm nos comportamentos misóginos de outros homens, mesmo quando não há mulheres presentes, e trabalham duro para reconhecer e desafiar esses comportamentos neles mesmos. Talvez o mais surpreendente seja que os Bons Homens percebem o valor de uma prática feminista para si, e eles a defendem não porque seja politicamente correto, ou porque queiram que as mulheres gostem deles, ou mesmo porque queiram que as mulheres tenham igualdade, mas porque entendem que o privilégio masculino os impede não apenas de se tornar seres humanos completos e autênticos, mas também de saber a verdade sobre o mundo [...]. Eles oferecem a prova de que os homens podem mudar.

Homens assim são nossos verdadeiros companheiros de luta. A presença deles em minha vida sustenta minha esperança.

Homens em sofrimento, em crise, estão clamando. Se eles não estivessem clamando, não saberíamos que estão sofrendo. Ao ouvirmos suas histórias, ouvimos que querem ficar bem e que não sabem o que fazer. Baseado em uma história real, o filme *Voltando a Viver: Antwone Fisher* [2002] narra a busca de um homem por um caminho para a cura. O poema de Fisher "Who Will Cry for the Little Boy?" [Quem vai chorar pelo menininho?] dá voz ao sofrimento que o homem ferido já não consegue esconder. Mostramos nosso amor pela masculinidade, pelos homens, trabalhando para curar as feridas dos homens que sofrem e das mulheres que os acompanhamos. Muitas de nós vivemos a verdade de que reconhecer as formas como fomos feridas costuma ser um processo mais simples do que encontrar e sustentar uma prática de cura. Vivemos em uma cultura em que é aceito e até encorajado que as mulheres apoiem os homens completamente quando eles estão fazendo o trabalho da destruição. No entanto, precisamos criar um mundo que nos peça para ficar ao lado de um homem quando ele está buscando cura, quando está buscando recuperação, quando está trabalhando para ser um criador.

O trabalho de recuperação relacional masculina, de reconexão, de formação de intimidade e criação de comunidade nunca pode ser feito de forma solitária. Em um mundo onde meninos e homens se perdem diariamente, devemos criar guias, sinalizações, novos caminhos. Uma cultura de cura que capacite os homens a mudar está em formação. A cura não ocorre no isolamento. Homens que amam e homens que desejam amar sabem disso. Precisamos ficar ao lado deles, de coração e braços abertos. Precisamos estar prontas para abraçá-los, oferecendo um amor que possa abrigar seu espírito ferido enquanto eles buscam encontrar o caminho de casa, enquanto exercitam a vontade de mudar.

bell hooks nasceu em 1952 em Hopkinsville, então uma pequena cidade segregada do Kentucky, no sul dos Estados Unidos, e morreu em 2021, em Berea, também no Kentucky, aos 69 anos, depois de uma prolífica carreira como professora, escritora e intelectual pública. Batizada Gloria Jean Watkins, adotou o pseudônimo pelo qual ficou conhecida em homenagem à bisavó, Bell Blair Hooks, "uma mulher de língua afiada, que falava o que vinha à cabeça, que não tinha medo de erguer a voz". Como estudante passou pelas universidades Stanford, de Wisconsin e da Califórnia, e lecionou nas universidades Yale, do Sul da Califórnia, Oberlin College e New School, entre outras. Em 2014, fundou o bell hooks Institute. É autora de mais de trinta obras sobre questões de raça, gênero e classe, educação, crítica cultural e amor, além de poesia e livros infantis, das quais a Elefante já publicou *Olhares negros*, *Erguer a voz* e *Anseios*, em 2019; *Ensinando pensamento crítico*, em 2020; *Tudo sobre o amor* e *Ensinando comunidade*, em 2021; *A gente é da hora*, *Escrever além da raça* e *Pertencimento*, em 2022; *Cultura fora da lei* e *Cinema vivido*, em 2023; e *Salvação* e *Comunhão*, em 2024.

Título original:
The Will to Change: Men, Masculinity, and Love

Primeira edição, fevereiro de 2025
Primeira reimpressão, agosto de 2025
São Paulo, Brasil

Dados Internacionais de Catalogação na Publicação (CIP)
Angélica Ilacqua CRB-8/7057

hooks, bell, 1952-2021
A vontade de mudar: homens, masculinidades e amor / bell hooks; tradução de Manu Quadros, Lubi Prates – São Paulo: Elefante, 2025.
240 p.

ISBN 978-65-6008-063-8
Título original: The Will to Change: Men, Masculinity, and Love

1. Homens – Psicologia 2. Masculinidade 3. Emoções I. Título II. Quadros, Manu III. Prates, Lubi

24-4301 155.332

Índices para catálogo sistemático:
1. Homens – Psicologia

elefante
editoraelefante.com.br
contato@editoraelefante.com.br
fb.com/editoraelefante
@editoraelefante

tipografia H.H. Samuel & Calluna
papel Cartão 250 g/m² & Pólen Bold 70 g/m²
impressão Margraf